술술 읽히는
친절한
반도체
투자

*이 책은 삼성언론재단 언론인 연구모임 지원을 받아 출간되었습니다.

현장에서 전하는 기자들의 생생한 반도체 취재수첩

술술 읽히는
친절한

반도체
투자

팀 포카칩(For K-chips) 지음

메이트북스

메이트북스 우리는 책이 독자를 위한 것임을 잊지 않는다.
우리는 독자의 꿈을 사랑하고,
그 꿈이 실현될 수 있는 도구를 세상에 내놓는다.

술술 읽히는 친절한 반도체 투자

초판 1쇄 발행 2024년 11월 5일 │ **초판 2쇄 발행** 2024년 12월 1일 │ **지은이** 팀 포카칩(For K-chips)
펴낸곳 (주)원앤원콘텐츠그룹 │ **펴낸이** 강현규·정영훈
등록번호 제301-2006-001호 │ **등록일자** 2013년 5월 24일
주소 04607 서울시 중구 다산로 139 랜더스빌딩 5층 │ **전화** (02)2234-7117
팩스 (02)2234-1086 │ **홈페이지** matebooks.co.kr │ **이메일** khg0109@hanmail.net
값 18,900원 │ **ISBN** 979-11-6002-909-3 03320

|

21세기를 개척할 산업혁신의 핵인 반도체 개발은
온갖 어려움을 무릅쓰고 누군가는 반드시 성취해야 하는 프로젝트이다.

• 삼성 창업주 고 이병철 회장 •

글로벌 반도체 전쟁은 현재진행형입니다. 이 전쟁에 참전한 미국·일본·대만 등은 정부가 '총알'을 쏟아부으며 전폭적인 지원에 나서고 있습니다. 반도체 전쟁의 승기를 잡기 위해서입니다. 앞으로 4~5년이 골든타임입니다. 이 책은 '반도체는 속도와 시간 싸움'이라는 점을 분명히 합니다. 복잡한 글로벌 반도체 정세와 각국 기업 간의 셈법, 다양한 산업 생태계가 얽히고설킨 반도체 산업에 대해 깊이 있고 쉽게 풀어낸 안내서라고 할 수 있습니다. 반도체 기자들의 생생한 현장을 느낄 수 있는 건 덤입니다.   **고동진_국회의원**

젊은 언론인들을 주축으로 대한민국 반도체를 새로운 관점에서 조망한 책이 출간되었습니다. 일반 독자와 학생들을 위한 반도체 서적은 기존에도 있었지만 기자들의 식견과 날카로운 시각이 담긴 이 책은 특별한 의미를 가지며 우리나라 반도체 산업의 저변이 정말 넓어지고 있구나 하는 생각이 들게 합니다. 한 나라의 중심이 되는 사상이나 산업은 여러 계층의 이해와 참여가 동반될 때 더욱 번성했음을 역사를 통해 알 수 있습니다. 그런 의미에서 이 책은 반도체가 국가적 어젠다(Agenda)가 되었음을 명확히 보여준다고 할 수 있겠습니다. 내용이 충실할 뿐 아니라 반도체 산업현장을 발로 뛰는 언론인들의 열정과 해박한 지식이 돋보입니다.

곽노정_SK하이닉스 대표이사, 한국반도체산업협회장

국가 기간산업으로 자리 잡은 반도체 산업은 앞으로 인공지능(AI), 양자컴퓨터, 차세대 통신, 첨단 모빌리티, 그리고 바이오 기술에서의 혁신을 이루기 위한 필수재가 될 것입니다. 미중 간 기술패권경쟁의 한가운데에 위치한 반도체 산업에서 정보는 오히려 홍수처럼 넘쳐나지만 정말 필요한 지식은 얻기 어려워집니다. 일반인의 눈높이에서 반도체 산업의 현주소를 짚어보며 전문지식을 해설하고 투자자들에게 좀더 정확한 정보를 공유하기 위해 산업 전문 취재 기자들이 스터디그룹을 만들며 꼼꼼하게 정리하고 해설한 반도체 산업 입문서가 나온 것은 그런 점에서 시의적절합니다. 이 책은 반도체 산업을 이해하고자 하는 일반인과 학생들은 물론, 이 산업에 투자하려는 사람들에게도 큰 도움이 될 것입니다.

권석준_성균관대학교 교수, 『반도체 삼국지』 저자

앞으론 인간 생활의 모든 분야에 인공지능(AI)이 접목되는 'AI+X' 시대가 올 것이라고 예측합니다. X는 '정해지지 않은'이란 사전적 의미와 함께 '모든 것(everything)'을 뜻하기도 합니다. 과거에 디지털 기술이 등장하면서 전 분야의 산업화가 진행되었던 것처럼, AI 기술의 산업화 역시 진행되고 있습니다. 이때 가장 중요한 것이 반도체입니다. 언론인 연구모임 '포카칩'은 수년간 반도체 산업 현장을 발로 뛰며, 그 중요성을 기록해왔습니다. 이 책은 국내 반도체 산업의 역사와 동향, 반도체를 두고 벌어지는 글로벌 정세, 미래 전망 등을 다각적으로 다루고 있습니다. 반도체와 제조업 강국인 우리나라로서는 AI 반도체를 선점해 신제조업 성장의 기회를 잡아야 합니다. AI 시대와 반도체의 미래가 궁금하다면, 이 책에서 인사이트를 얻을 수 있을 것입니다. **김용석_가천대학교 석좌교수, 반도체교육원장**

우리는 이제 일반인공지능이라 불리는 AGI 시대를 앞두고 있습니다. 이를 가능하게 하는 가장 핵심 기술이 바로 '반도체'입니다. 그래서 반도체를 '세계 3차 대전'이라고 부르기도 합니다. 이 전쟁의 승자가 되기 위해서는 우리 모두가 반드시 반도체를 이해해야 합니다. 이 책은 저자들이 취재 과정에서 직접 발로 뛰어다니면서 산업 현장에서 익힌 반도체 지식과 정보를 친절하고 생생하게 전달합니다. 특히 산업과 경제적 시각에서 생생히 살아 있는 정보가 담겨 있습니다. **김정호_한국과학기술원(KAIST) 전기 및 전자공학과 교수**

반도체 종목을 향한 투자자들의 관심이 어느 때보다 뜨겁습니다. 하지만 반도체 밸류체인에 들어간 종목이 수십여 개에 이릅니다. 그만큼 반도체 종목에 대한 정보는 단편적이고 파편적인 경우가 많습니다. 이 책은 반도체 현장을 발로 뛴 기자들의 생생한 취재 경험과 접한 시장·기업 전문가들의 입체적 시각이 오롯이 담겨 있습니다. 유망한 반도체 종목을 선별하고 포착하는 데 좋은 지침서가 될 것으로 생각됩니다. **노근창_현대차증권 리서치센터장**

오늘날 우리가 누리고 있는 디지털 세상은 반도체 기술 위에 구축되어 있어 반도체 산업에 대한 깊이 있는 이해는 선택이 아닌 필수가 되었습니다. 대한민국 최고의 반도체 출입기자들이 지난 1년간 현장에서 몸소 느끼고, 연구하고, 취재한 내용을 바탕으로 집필한 이 책은 반도체 산업의 복잡한 세계를 명쾌하게 풀어내고 있습니다. 특히 AI와 빅데이터의 발달로 반도체 기술이 새로운 도전을 맞이하고 있는 시기에 AI와 반도체의 관계, 그리고 이를 둘러싼 산업적 변화와 기술적 진보를 상세히 설명하고 있어, 반도체 기술의 현재와 미래를 한눈에 볼 수 있도록 도와줍니다. 반도체 산업의 복잡성을 이해하고자 하는 모든 이들에게 나침반 역할을 하기를 기대합니다. **이정배_삼성전자 사장**

추천사

"그래서 지금 삼성전자·엔비디아 주식을 사도 되나요?"

"삼성전자·엔비디아 주식, 지금 사면 되나요?"

반도체 담당기자들이 가장 많이 듣는 질문 중 하나입니다. 반도체 위탁생산을 뜻하는 파운드리, 고대역폭메모리(HBM), 3D(3차원) 패키징, 하이브리드 본딩 기술… 이른바 '업계용어'가 이젠 일반인들에게도 익숙해질 지경입니다. 최근 몇 년 새 전 세계가 '반도체 신드롬'에 빠져들었습니다. 왜 그럴까요?

글로벌 혁신기업들이 터잡고 있는 미국 샌프란시스코 '실리콘밸리'는 첨단산업의 출생지이자 무덤인 곳입니다. 1939년 휴렛 팩커드(HP)가 이곳에서 탄생했고, 수많은 스타트업이 이곳을 거쳐갔습니다. 이 마을에 '실리콘밸리'란 이름이 붙은 건 1970년대라고 합니다. '반도체'란 공통 연결고리를 바탕으로 정보기술(IT) 기업들이 모여들다 보니, 반도체에 쓰이는 규소(실리콘·Si)와 산타클라라 계곡(valley)을 합쳐 이런 이름이 만들어졌다고 합니다.

이제 반도체는 그 계곡을 넘어 전 지구를 실리콘 세상으로 만들고 있습니다. 반도체는 이미 다양한 산업의 필수재로 자리잡았기에, 반도체를 이해하는 것은 매우 중요합니다. 반도체 산업의 현황과 전망, 그리고 혁신 기술의 변화 추이와 공급망을 둘러싼 지정학적 이슈를 파악하는 것은 전 세계 경제와도 밀접하게 연관되어 있기 때문입니다.

'반도체 회사' 타이틀을 내세운 기업들이 많습니다. 이 회사들이 만든다는 반도체 종류도 각양각색이고, 이 회사들이 개발하고 있는 기술과 추진하고 있는 사업도 얼핏 이해하기 쉽지 않습니다. 인공지능(AI) 시대가 펼쳐지며 반도체의 영역이 넓어졌고, 이와 함께 쏟아지는 정보의 홍수 속에서 '진짜 유망한 반도체 회사'를 찍어내는 건 쉽지 않습니다. 시시각각 변화하는 반도체 산업구조와 기술을 이해하기엔 장벽이 너무나도 높습니다. 반도체의 미래는 어디에 있을까요? 우리는 어디에 베팅해야 '남는 장사'를 할 수 있을까요?

반도체 현장을 취재하던 기자들과 국회 보좌진 등이 모여 '포카칩'이란 연구모임을 만들게 된 이유이기도 합니다. 저희팀의 이름

'포카칩'은 For K-Chips의 약자입니다. '한국 반도체의 내일을 생각한다'는 의미를 담고 있습니다. 반도체 제조, 설계, 공급망 관리, 그리고 글로벌 시장 동향에 이르기까지 반도체 산업의 여러 현장을 취재해온 기자들이 이 책에서 반도체에 대해 A부터 Z까지 모든 걸 친절히 알려드립니다. 얇고 바삭한 포카칩처럼 말이죠.

사실 반도체 산업은 더이상 '고성장 산업'이라고 보기엔 어렵습니다. 시장조사업체 딜로이트는 2020년(4천400억달러)부터 2030년(1조달러)까지 반도체 산업의 연평균 성장률을 8.6%로 예측했습니다. 10%에도 못 미치는 성장률입니다.

그런데 말입니다, 그렇다고 반도체가 '황금알을 낳는 거위'가 아닌 건 아닙니다. 최근 생성형 AI열풍 국면에서 목격하셨듯, 세계의 돈은 다시 반도체를 향해 '돌진'하고 있기 때문입니다. 전문가들은 "생성형AI가 반도체 업계에 미치는 영향이 매우 높거나 변혁적"이라고 말합니다. 컴퓨터·스마트폰·가전 등을 1년에 한 번씩 바꾸는 건 아니다 보니 세트수요가 갑자기 폭발적으로 늘어날 일은 거의 없지만 생성형AI라는 새로운 땅은 아직 미지의 영역이라 개척의 여지가 남아 있는 것입니다.

대항해시대 이야기를 아시죠? '반도체 신대륙'도 깃발을 꽂으면 그 땅을 차지할 수 있기는 마찬가지입니다. 그만큼 치열한 싸움이 펼쳐지고 있습니다. 미국과 중국의 싸움이 대표적입니다. 혹자는 이를 '세계 3차대전'이라고도 합니다. 주도권을 빼앗기지 않으려는 미국과 신흥강자로 군림하려는 중국, 그 사이에서 눈치게임을 하고 있는 한국과 일본·유럽까지 이 전쟁의 승자는 누가 될까요?

넓고, 복잡하고, 어려운 '반도체 세계'의 빠삭한 지식을 얇게 압축해 포카칩으로 구웠습니다. "그래서 지금 삼성전자·엔비디아 주식을 사면 되냐고요?" 그 해답, 이 책에서 찾아보시죠!

지은이의 말

차례

부록

칩 피플

반도체는 '산업의 쌀'이란 별명에 걸맞게 현대 사회에서 주식 (主食) 같은 존재가 되었습니다. 손 위의 스마트폰부터 컴퓨터·가전 그리고 자동차·비행기·우주선까지 첨단 정보기술 (IT) 영역에서 반도체가 없는 건 이제 상상할 수도 없습니다. 한국과학기술원(KAIST)의 김정호 교수는 "미래엔 혼수로 반도체를 싸들고 갈 날이 올 것"이라고 했는데, 이 우스갯소리가 농담처럼 들리지만은 않습니다. 과연 반도체가 무엇이고, 어떻게 탄생하게 되었을까요? 1장에서 명쾌하게 알려드리겠습니다.

CHAPTER

1

전 세계 반도체에 '시선집중', 왜 그런 걸까?

지금은 '반도체 시대'

인류사는 '도구'와 함께 발전해왔다고 합니다. 인간이 '돌'을 도구로 사용하기 시작한 석기시대는 인류 문명의 시발점이 되었다고 평가받습니다. 그 시절 돌은 채집과 수렵의 도구로 인간 생존의 기반이 되었습니다.

여기서 재미있는 평행이론! 현대문명이 발달하고 인공지능(AI)이 인류를 위협하는 지금, 아직도 '돌'이 우리의 삶을 좌우한다면 믿으시겠습니까? 반도체의 주재료가 되는 웨이퍼의 핵심소재가 바로 돌·모래 등에서 발견되는 규소(실리콘·Si)이기 때문입니다. 석기시대와 반도체시대 모두 자연에서 흔히 발견되는 재료로 문명의 발전을 견인했다는 것, 어쩌면 닮은 꼴 아닐까요? 그래서 '규석기시대'라는 말까지 나옵니다. 물론 반도체 소재를 바꾸려는 기술 연구는 지금도 계속되고 있습니다.

'손가락 계산' 하던 인류, 반도체를 만들기까지

반도체는 우리가 매일 사용하는 다양한 전자기기에서 '두뇌 역할'을 합니다. 석기시대에 돌을 어떻게 가공하고 활용하느냐에 따라 문명의 발전 속도가 달라졌듯이, 오늘날에는 반도체 기술의 발전과 그 응용이 현대 사회의 진보를 좌우합니다. 인류는 다시 한번 자연의 잠재력을 발견하고 이를 도구화해서 새로운 시대를 열어가고 있습니다.

반도체는 언제부터 우리 생활에 들어왔을까요? '컴퓨터의 조상'은 1946년 개발된 에니악(ENIAC)으로 알려져 있습니다. 1만8천여 개의 진공관(진공 속에서 전자의 움직임을 제어하는 장치)으로 작동했는데, 부피가 너무 커서 가로·세로·높이가 각각 25m·1m·2.5m에 달했다고 합니다. 그 무게는 무려 30t이었다는데, 통상 코끼리의 몸무게가 6t 정도라고 하니 코끼리 5마리쯤 무게의 컴퓨터인 셈입니다. 지금으로서는 상상도 안 될 정도지요? 에니악 이후 트랜지스터와 반도체 등이 발명되면서 컴퓨터는 점점 지금과 같은 사이즈로 작아지고 똑똑해집니다.

1946년 개발된 '에니악' 모습

출처: 삼성반도체

　인류는 왜 컴퓨터를 만들어야만 했을까요? 그 이야기부터 먼저 해보겠습니다.

　'손'은 인류에게 가장 오래된 계산도구입니다. 어린아이가 숫자를 배울 때 손가락을 헤아리며 세는 걸 보면 가장 간편하고 직관적이기 때문이란 걸 알 수 있습니다. 그 뒤엔 주판·계산자 같은 보조도구들이 나타나기 시작했습니다. 열 손가락으론 헤아릴 수 없는 숫자가 이 세상엔 너무 많았기 때문입니다. 1600년대 독일의 빌헬름 시카르트와 프랑스의 블레즈 파스칼이 기계식 계산기를 내놓았고, 1893년엔 미국의 허먼 홀러리스에 의해 '천공카드(펀치카드)' 시스템이 발명되었습니다. 천공카드는 종이에 구멍을 뚫어 2진법 데이터를 기록하는 방식인데, 이 덕분에 다양한 데이터를 활용한 기계식 계산이 가능해졌습니다.

무한대로 넓어지는 반도체의 활용 범위

계산도구가 오늘날의 컴퓨터와 가까워진 건 1950년대 미국과 소련이 우주항공 분야에서 경쟁하면서부터입니다. 우주비행에 사용되는 다양한 숫자를, 또 실시간으로 바뀌는 숫자를 사람이 손으로 계산하기에는 너무 느리고 부정확했기 때문입니다. 1960년대 집적회로(IC)가 보편화되며 기판이 작아졌고, 개인용 컴퓨터가 속속 나옵니다. 이때부터 본격적으로 반도체 시대가 열리게 됩니다.

1990년대 정보화시대가 시작되면서 개인용 컴퓨터가 전 세계 각 가정에 보급되었습니다. 21세기 들어선 스마트폰, 웨어러블 디바이스 등이 대중화되며 반도체의 활용 분야가 더 넓어집니다. 퍼스널디바이스 시대인 요즘엔 자동차·냉장고·TV까지 반도체가 없는 기기를 찾는 것이 더 어려울 지경입니다.

최근엔 디바이스들 간에 데이터를 연결하는 클라우드 서비스가 확대되었고, 여기에 인공지능(AI)·양자컴퓨터 등이 등장하면서 반도체의 활용 범위는 무한대로 넓어지고 있습니다. 덩달아 반도체 산업도 무한대로 커지고 있습니다.

반도체가 도대체 뭐길래?

반도체는 영어로 'Semiconductor', 말 그대로 '반(Semi·半)'과 '전류가 흐르는 물질(Conductor·도체)'의 합성어입니다. 쉽게 말해 필요에 따라 전류가 흐를 수도 있고, 흐르지 않을 수도 있다는 의미입니다. 횡단보도에서 빨간불이면 통행을 멈추고 녹색불에 건너는 것처럼, 전기적 신호 명령에 특정 기능을 수행하도록 만든 것입니다.

쉽게 말해 전자신호의 온-오프 스위치 역할을 하는 것이 '트랜지스터'라고 할 수 있는데, 이런 것들이 2개 이상 모여 집적회로(IC·Integrated Circuit)가 됩니다. 이것이 하나의 작은 조각처럼 보여서 이를 통상 '반도체 칩'이라고 부릅니다.

물리·화학적으로 서로 다른 물질을 하나로 만들어내는 것은 쉽지

트랜지스터

출처: 삼성반도체뉴스룸

않은 일이었습니다. 각기 다른 물질을 물리적으로 결합할 수는 있지만 반도체 기술의 핵심인 화학적 결합은 매우 정밀하고 복잡한 조건이 요구됩니다. 전자 등이 자유롭게 이동할 수 있어야 하기 때문입니다.

반도체 간 결합이나 금속과 반도체의 결합은 전자의 이동을 어렵게 합니다. 하지만 고온·준진공 등 특별한 조건이 갖춰진다면 이들 물성 간의 교류도 가능하다고 합니다. 기술 발전에 따라 고도의 공정이 가능해지면서 반도체 기술은 오늘날 우리 삶의 다양한 영역에서 광범위하게 적용될 수 있게 되었습니다.

진공관 → 트랜지스터, 작은 전자제품 가능해져

산업적으로 반도체의 태동지는 미국입니다. 1947년 미국 벨 연구소에서 일하던 고체 물리 이론가인 윌리엄 쇼클리, 실험 물리의 대가인 월터 브래튼, 이론 물리학자인 존 바딘 등이 '트랜지스터'를 발명하면서 반도체의 기반을 일궜습니다. 트랜지스터 이전엔 진공관이 주로 사용되었습니다.

부피가 크고 쉽게 깨지며 전력 소모가 많은 진공관을 트랜지스터가 대체하면서 전자산업의 비약적인 발전을 가져옵니다. 텔레비전·라디오 등 전자제품의 크기가 작아지고, 보급이 확대되었습니다. 특히 에니악과 같은 초기 컴퓨터는 구동할 때 넓은 공간과 많은 전력이 필요했는데, 트랜지스터를 사용하면서 이 같은 걱정이 말끔히 해결되었습니다.

에니악은 프로그램 변경을 위해 하드웨어인 논리회로의 구성을 일일이 바꿔야 했습니다. 이후 헝가리 출신의 수학자 존 폰 노이만이 특별한 구조를 개발함에 따라 현재처럼 범용 하드웨어에 소프트웨어만 갈아 끼울 수 있는 컴퓨터가 만들어지게 되었습니다. 이는 '폰 노이만 구조'라는 이름으로 불립니다.

폰 노이만 구조는 시스템을 통제·실행하는 중앙처리장치(CPU)와 프로그램·데이터 등을 저장하는 메모리로 구성됩니다. 컴퓨터 구성

(하드웨어)은 그대로 두고 기억장치에 있는 소프트웨어만 바꿔서 여러 작업을 효율적으로 처리할 수 있었습니다. 프로그램과 데이터를 메모리에 저장하고 이를 연산하는 CPU로 나누어 프로그램의 유연성과 효율성을 극대화했습니다. CPU가 메모리에 저장된 것을 불러와 실행만 하도록 구조가 바뀐 것입니다.

특히 두뇌 역할을 하는 메모리는 1 혹은 0으로 바꾼 '2진수' 상태로 정보를 저장합니다. 메모리에서 가장 중요한 건 이 같은 정보를 담을 수 있는 저장용량입니다. 반도체 업계는 미세 집적기술을 발전시키며 메모리반도체의 용량을 늘리고 작게 만드는 경쟁을 이어 나가고 있습니다.

K반도체, 어떻게 시작했을까?

미국에서 시작된 반도체 산업이 한국에 싹을 틔운 건 1965년 미국 반도체 기업 고미(Komy)가 한국에 고미반도체를 세우고 일부 쉬운 공정을 아웃소싱하면서입니다. 값싼 인건비, 좋은 손기술을 노린 외국 반도체 회사들이 한국에 공장을 짓고 조립을 맡긴 겁니다. 기술도, 경험도, 자본도 없던 한국은 그때만 해도 반도체를 직접 생산하는 것은 꿈도 꾸지 못했습니다.

1974년 1월 미국에 있던 강기동 박사가 한국으로 돌아와 경기도 부천에 '한국반도체'라는 회사를 세우며 K반도체의 자립 여정이 시작됩니다. 한국반도체는 손목시계용 칩을 생산했지만 자금난을 겪었고, 강 박사는 그해 12월 이건희 삼성 선대회장에게 지분 일부를 넘기게 됩니다. 당시 삼성은 일본의 카시오(CASIO) 등에서 수입한 부품으로 전자시계를 만들고, 미국 인텔(Intel)의 마이크로 컨트롤러 유닛(MCU·Micro Controller Unit, 전자제품의 두뇌역할을 하는 집적회로) 응용 기술을 기반으로 전자식 금전등록기 등을 만들며 반도체에 눈을 뜬 상황이었습니다. 삼성은 1977년 12월 한국반도체 지분 전체를 인수했고, 1978년 3월 사명을 삼성반도체로 바꾼 뒤 삼성전자와 합병합니다. 이는 지금의 삼성전자 디바이스솔루션(DS) 부문으로 이어지고 있습니다.

맨땅에서 만들어낸 반도체, 전 세계가 놀라다

삼성도 미국 제너럴일렉트릭(GE) 등과 기술 제휴를 맺고 반도체 사업 확대를 시도했지만 기술도, 판로도 없던 시절이라 어려움이 많았습니다. 원래 기술을 받아오려 했던 미국 마이크론의 적대적인 반응으로 삼성은 결국 자체 기술 개발을 하기로 방향을 전환합니다. 본격적으로 탄력을 받은 건 1983년 2월 당시 첨단기술이던 초고밀도 집적회로(VLSI) 개발·생산 진출을 선언하면서입니다.

이전까지 삼성은 반도체 중에서도 가전제품 등에 들어가는 고밀도 집적 회로(LSI)만 겨우 만드는 수준이었습니다. 첫 메모리반도체 제품으로 D램을 선택하고, 당시 주력 제품이던 64K(킬로비트) D램

1983년 개발된 삼성전자 최초의 초고밀도 집적회로(VLSI) 반도체 64K D램

출처: 삼성반도체 뉴스룸

개발에 나서게 됩니다. 이는 손톱만 한 크기의 칩에 영문 글자 8천 자를 기억할 수 있는 정도의 용량입니다.

1983년 5월에 개발을 시작해, 같은 해 11월에는 세계에서 세 번째로 칩을 완성했습니다. 반도체 기반이 없던 한국이 이 같은 성과를 내자 글로벌 반도체 업계는 큰 충격을 받았다고 합니다. 이때 개발된 64K D램은 우리나라의 국가등록문화재로도 등록되어 있습니다. 말하자면 '맨땅에 헤딩'을 한 셈입니다.

삼성은 어떻게 기술 개발에 성공할 수 있었을까요? 당시 삼성은 한국과 미국에 각각 개발팀을 두고, 둘을 경쟁시켰다고 합니다. 초고밀도 집적회로(VLSI) 개발에 참여했던 김기남 전 삼성전자 회장은

전 세계 반도체에 '시선집중', 왜 그런 걸까?

당시를 이렇게 회상했습니다.

"미국에 연수생으로 갔을 때 현지 엔지니어들이 우리를 '코리안 엔지니어'의 준말이라며 '캔'이라 부르더군요. 비하하는 표현이었습니다. 날마다 밤샘 근무를 하고, 이튿날 보고서를 공유했더니 인식이 조금씩 달라졌어요. 5개월여 뒤엔 팹(fab·반도체 생산공장)에서 발생한 문제를 나름의 논리를 세워 설명했는데, 그 논리가 맞았다는 결과가 나오자 '캔'이란 말이 쏙 들어갔습니다."

선진국보다 5년 6개월이나 늦은 개발이었습니다. 하지만 이는 한국이 독자적인 기술력으로 세계 반도체 시장의 문을 여는 계기가 되었습니다.

1984년 5월, 삼성은 경기도 용인시 기흥에 반도체 1공장을 준공하고 본격 양산에 나섭니다. 그해 10월에는 256K D램을 개발했고, 1986년 7월에는 1M(메가비트) D램을 개발해 선진국과의 격차를 2년으로 좁혔습니다.

삼성전자·SK하이닉스의 태동

삼성전자는 반도체 공장 건설에 있어서도 기존의 상식을 뒤엎고 통상 18개월 이상 걸리는 공장 건립을 6개월 만에 끝냅니다. 반도체 생산에 필요한 물리적 기반이 마련된 것입니다. 그 공장이 바로 지금의 경기도 용인시에 있는 기흥캠퍼스입니다. 이 과정에서 삼성의 연구진들은 '나라를 살리는 심정'으로 최선의 노력을 다했다고 합니다.

메모리 개발에 성공했지만 이후 난관도 있었습니다. 미국이 반도체 덤핑 문제를 제기하며 수출길이 막히게 된 것입니다. 이에 대해 삼성은 "삼성이 반도체를 생산하지 않으면 일본 기업의 점유율이 높아질 것이고 반도체값이 상승할 것"이라고 설득했습니다. 삼성전자는 1992년 D램 시장에 이어, 이듬해에는 전체 메모리 시장에서 1위에 올라섭니다.

글로벌 메모리 시장의 또 다른 주자 SK하이닉스는 곡절이 많은 회사입니다. SK하이닉스는 당초 SK그룹이 아닌 현대그룹에 뿌리를 둔 기업입니다.

현대그룹이 1983년 2월 현대중공업에 전자사업팀을 설치한 것이 시작이었습니다. 현대그룹은 이후 반도체 사업에 진출해 메모리 양산체제를 구축하고 연구소를 설립하는 등 사업을 확장했습니다. 1990년대 후반 외환위기가 발생하자 정부는 산업구조 효율성을 이유로 대기업 간 중복사업에 대한 합병을 추진했습니다.

당시 정부의 '빅딜' 중재에 따라 메모리반도체 점유율 5위였던 현대전자가 4위였던 LG반도체를 인수했고 현대반도체가 됩니다. 하지만 경영 악화와 반도체 시장의 경기 하강으로 결국 2001년에 채권단에 회사를 넘기게 됩니다.

이후 현대전자는 워크아웃에 돌입하고 사명(社名)을 하이닉스반

전 세계 반도체에 '시선집중', 왜 그런 걸까?

도체로 변경했습니다. 합병으로 부채가 급증한 상황에서 1997년 외환위기때 발행했던 회사채의 만기까지 한꺼번에 돌아오자 곧바로 경영위기에 빠지게 되었죠. 이는 이후 하이닉스반도체가 약 10조원의 부채를 떠안고, 채권단 관리 체제로 들어간 이유이기도 합니다. 당시 자금난이 심각해지자 하이닉스반도체의 해외 매각설까지 나왔습니다.

약 10년간 주인을 찾지 못하면서 하이닉스는 독립적으로 생존해야 했고, 현대중공업·LG·효성 등이 인수를 시도했으나 성사되지 않았습니다. 2012년 3월 SK그룹이 하이닉스반도체를 인수하며 SK하이닉스로 전열을 가다듬게 됩니다.

반도체 생태계, 어디까지 넓어지나?

한국은 전 세계에서 '반도체 중심국가'가 되었습니다. 반도체 생태계는 다양한 분야와 기술이 상호작용하며 발전하는 복잡한 구조를 가지고 있습니다. 반도체 설계에 필수적인 설계자산(IP)부터 반도체 디자인, 소재부품장비, 파운드리(위탁생산)까지 모든 생태계가 한몸처럼 어우러져 돌아가야 합니다.

종합반도체기업(IDM·Integrated Device Manufacturer)은 반도체 설계부터 제조까지 모든 과정을 자체적으로 수행합니다. 삼성전자·SK하이닉스가 대표적입니다. 미국 인텔과 마이크론 등도 마찬가지입니다. 이들은 '설계 → 제조 → 테스트 → 패키징' 등을 통합해서 반도체 생산의 전 과정을 수행할 수 있습니다.

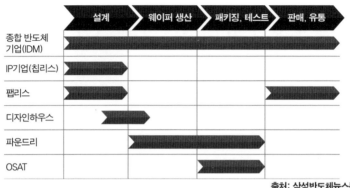

'반도체 생태계' 한눈에 보기

	설계	웨이퍼 생산	패키징, 테스트	판매, 유통
종합 반도체 기업(IDM)	■	■	■	■
IP기업(칩리스)	■			
팹리스	■			■
디자인하우스	■			
파운드리		■	■	
OSAT			■	

출처: 삼성반도체뉴스룸

　반도체 생산을 위해서는 막대한 시설 투자비용이 들고, 고도의 생산기술이 필요합니다. 모든 반도체 회사가 이런 장비를 갖추기는 현실적으로 매우 어렵습니다. 이 때문에 분업이 늘어나는 추세입니다. 즉 '설계 → 제조 → 테스트 → 패키징' 중 잘하는 분야에 '선택과 집중'을 하는 겁니다.

"잘하는 거 하자", 반도체 산업도 분업

제일 앞단에는 반도체 설계에 필요한 IP(Intellectual Property) 기업이 위치하고 있습니다. 반도체 IP는 설계에서 사용되는 특정 기능이나 블록을 의미합니다. IP 코어는 칩 개발에 사용하는 일종의 모듈로,

설계 시간과 비용을 절감할 수 있는 것이 장점입니다. 영국 ARM 등의 기업이 CPU 코어 IP를 제공하고, 라이선스·사용료·로열티 등을 주 수익원으로 합니다

그 다음으로는 팹리스(Fabless)가 역할을 합니다. 반도체 설계만을 전문적으로 하고 웨이퍼 생산, 패키징, 테스트 등은 모두 외주로 진행합니다. 대표적인 팹리스 기업으로는 퀄컴(Qualcomm), 엔비디아(NVIDIA), AMD 등이 있습니다.

디자인하우스(Design House)는 설계를 담당하는 '팹리스'와 생산을 담당하는 '파운드리'의 연결다리 역할을 합니다. 팹리스 기업이 설계한 제품을 각 파운드리 생산공정에 적합하도록 최적화된 디자인 서비스를 제공합니다.

생산만을 전문으로 하는 파운드리도 있습니다. TSMC가 대표적입니다. 자체 반도체 제품이 아닌 고객사의 의뢰를 받아 수탁생산을 하는데, 일종의 OEM(주문자 상표 부착 생산) 방식인 셈입니다. 파운드리 기업은 자체적으로 IP 설계를 하기도 하는데, 고객사들에게 우수한 설계모듈을 제공하기 위해서입니다. 파운드리의 주 고객은 '팹리스' 회사입니다. 파운드리는 수많은 팹리스 기업들의 생산기지 역할을 수행합니다.

반도체 팹 공정을 통해 만들어진 웨이퍼에는 수백 개의 칩이 있습니다. 그러나 이 상태의 칩은 외부와 전기신호를 주고받을 수 없으며, 외부 충격에 의해 손상되기도 쉽습니다. 이 칩을 낱개로 하나하

나 잘라내어 기판이나 전자기기에 장착되기 위해 포장하는 작업을 '패키징'이라고 합니다.

또한 반도체가 제대로 만들어졌는지 테스트도 해야 합니다. 이를 반도체 후공정이라고 하는데, OSAT(Outsourced Semiconductor Assembly And Test) 기업이 하는 일입니다. 어셈블리 기업, 패키징 기업이라고도 불립니다.

반도체 생태계의 기반이 되는 '소부장'

반도체 생태계에서는 소재·부품·장비(소부장)의 역할도 중요합니다. 반도체 제조 공정에서 사용되는 화학물질, 웨이퍼, 포토마스크, 제조 장비 등이 이에 포함됩니다. 소부장 산업은 반도체 제조 공정의 품질과 생산성을 직접적으로 좌우합니다.

대표적인 노광장비 업체는 '슈퍼 을(乙)' 별명을 가진 네덜란드의 ASML입니다. 이 밖에 식각공정 장비는 '램리서치', 식각·박막증착 공정 장비는 '도쿄일렉트릭', 박막증착공정 장비는 어플라이드머티리얼(AMAT) 등이 있습니다.

반도체 생태계는 이러한 요소들이 유기적으로 결합되어야 잘 돌아갈 수 있습니다. 이들의 협업과 발전이 반도체 산업의 성장을 지속적으로 이끌고 있습니다.

반도체가 태어나기까지의 과정

1 웨이퍼 제조

웨이퍼란 반도체 집적회로를 만드는 데
사용하는 주재료이다.

2 산화

웨이퍼 표면에 실리콘 산화막(SiO_2)을
형성해 트랜지스터의 기초를 만드는
공정이다.

3 포토

웨이퍼 위에 빛을 이용해 반도체 회로를
그려넣는 공정이다.

4 식각

반도체의 구조를 형성하는 패턴을 만드는
과정으로, 필요한 회로 패턴을 제외한
나머지 부분은 깎아내 제거한다.

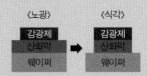

〈노광〉 　　　　〈식각〉

감광제		감광제
산화막	➡	산화막
웨이퍼		웨이퍼

전 세계 반도체에 '시선집중', 왜 그런 걸까?

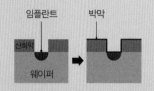

임플란트   박막
산화막
웨이퍼

⑤ 증착 및 이온주입

증착공정은 회로 간 구분·연결·보호
역할을 하는 박막(thin film)을 만드는
과정이고, 이온주입 공정은 반도체가
전기적 특성을 갖도록 하는 공정이다.

⑥ 금속배선

반도체회로에 전기적 신호가 잘 전달되게
전기길(금속선)을 연결하는 공정이다.

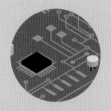

⑦ EDS(Electrical Die Sorting)

완벽한 반도체가 되기 위한 첫 테스트
공정으로, 전기적 특성검사를 통해
개별 칩들이 원하는 품질 수준에
도달했는지 확인한다.

⑧ 패키징

반도체 칩이 외부와 신호를 주고받게 길을
만들고, 외부의 위험으로부터 보호받을 수
있도록 포장하는 과정이다.

출처: 삼성반도체이야기

반도체를 만드는 과정이 쉽지만은 않습니다. 1천여 가지 과정이 수차례 반복됩니다. '그림을 그리고 → 깎고 → 쌓고'를 반복하는 과정입니다. 통상 '웨이퍼 제조 → 산화 → 포토(노광) → 식각 → 증착&이온주입 → 금속배선 → 테스트(EDS·electrical die sorting) → 패키징' 등 8가지로 분류합니다. 웨이퍼제조부터 금속배선까지를 전 공정이라 하고, 테스트·패키징을 후공정이라고 합니다.

첫 번째로, '웨이퍼 제조'는 모래에서 추출한 실리콘의 순도를 높여 농축해 원통 모양의 '잉곳'을 만들고 이를 얇게 슬라이스하는 공정을 의미합니다. 주로 실리콘 웨이퍼가 사용되며, 단결정 실리콘을 절단하고 연마해 제작합니다.

두 번째는 웨이퍼 표면에 얇은 산화막을 형성하는 과정입니다. 주

실리콘으로 만든 잉곳

경북 구미 SK실트론 공장에서 잉곳을 만들어낸 모습

전 세계 반도체에 '시선집중', 왜 그런 걸까?

로 실리콘 산화물(SiO2)로 구성되며, 절연층이나 마스크로 사용됩니다. 이어서 노광공정을 통해 웨이퍼에 패턴을 형성합니다. 감광제를 도포한 뒤 빛을 쏘아서 원하는 회로 패턴을 그려내고, 현상 과정을 거쳐 패턴이 남도록 합니다.

세 번째로, 형성된 패턴을 따라 웨이퍼의 특정 부분을 제거하는 '식각' 공정이 이어집니다. 주로 플라즈마를 이용해 필요 없는 부분을 깎아냅니다.

네 번째로, '증착&이온주입' 공정을 통해 반도체에 전기적 특성을 만들어냅니다. 증착은 웨이퍼 표면에 얇은 막을 만들어 절연층·도전층·반도체층 등을 형성하는 것이고, 이온 주입은 웨이퍼에 불순물을 주입해 반도체의 전기적 특성을 조절하는 단계입니다. '금속화'는 웨이퍼에 구리나 알루미늄 같은 금속을 붙여 전도층을 형성하고, 전류가 흐를 수 있는 통로(회로)를 구성하는 공정입니다.

이제 후공정으로 'EDS'와 '패키징' 단계가 남았습니다. EDS는 전기적 특성 검사로 개별 칩들이 작동하고 일정 품질 수준에 이르는지를 테스트하는 단계입니다. 마지막으로 패키징은 완성된 칩을 보호하고 외부와의 전기적 연결을 주고받을 수 있도록 길을 만드는 과정입니다. 이때 칩을 절단하고, 와이어 본딩을 통해 외부와 연결하며, 최종적으로 보호 케이스에 넣습니다.

반도체의 종류

반도체는 메모리반도체와 시스템반도체로 나뉩니다.

메모리반도체는 정보(Data)를 저장하는 용도로 사용되는 반도체를 의미합니다. 기록한 정보를 읽고 수정할 수 있는 휘발성메모리인 램(RAM), 기록한 정보를 읽을 수만 있고 수정할 수 없는 비휘발성 메모리 롬(ROM)이 있습니다. 정보 저장 방식에 따라 RAM은 D램·S램이 있고, ROM으론 플래시 메모리 등이 있습니다. 이밖에 RAM과 ROM의 장점을 모두 살린 낸드플래시가 있습니다. 비휘발성 메모리의 일종인 낸드플래시는 전원이 꺼져도 데이터가 보존되고 읽거나 수정을 할 수 있습니다.

정보를 저장하는 메모리반도체와 달리, 시스템반도체는 논리와 연산, 제어 기능 등을 수행하는 반도체입니다. 디지털화된 전기적 정보를 연산하거나 처리하는 역할을 합니다. 아날로그 IC, 로직 IC, 광학반도체뿐 아니라 최근 관심이 높아지고 있는 신경망처리장치(NPU), 중앙처리장치(CPU), 그래픽처리장치(GPU) 등을 모두 아우릅니다.

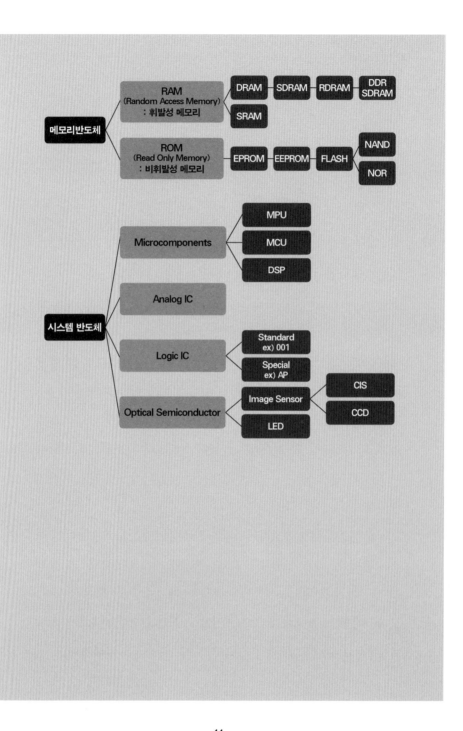

반도체 강국인 한국은 미국·일본·유럽·대만 등 쟁쟁한 국가들과 경쟁을 펼치고 있습니다. 잘 모르는 이들도 뉴스에서 연신 쏟아지는 반도체 소식에, 우리 기업들이 글로벌 시장에서 두각을 나타낸다는 걸 알 정도입니다. 그 뒤에는 단연 '메모리반도체'가 핵심 축이 되고 있습니다. 한국의 현 메모리 산업 경쟁력은 곧 삼성전자와 SK하이닉스로 치환할 수 있다고 해도 과언이 아닙니다. 2장에서는 한국이 반도체 후발주자에서 지금의 메모리 강국이 되기까지 중요했던 순간들을 사례 중심으로 살펴보겠습니다.

K메모리가 잘나가게 된 이유

삼성이 메모리 1등으로 올라선 비결

"삼성전자 경영진은 여러분께 먼저 송구하다는 말씀 올립니다. 시장의 기대에 미치지 못하는 성과로 근원적인 기술 경쟁력과 회사의 앞날에 대해서까지 걱정을 끼쳤습니다. 그러나 삼성은 늘 위기를 기회로 만든 도전과 혁신, 그리고 극복의 역사를 가지고 있습니다. 지금 저희가 처한 엄중한 상황도 꼭 재도약의 계기로 만들겠습니다."

전영현 삼성전자 디바이스솔루션(DS) 부문장(부회장)은 2024년 10월 초 3분기 실적 발표 당시 이런 내용의 '반성문'을 냈습니다. 고대역폭메모리(HBM)가 경쟁업체보다 가시적 성과를 내지 못하고, 파운드리(반도체 위탁생산) 등이 부진했기 때문입니다. 한때 삼성전자에는 '30년 연속 메모리반도체 점유율 세계 1위' '반도체 신화' 등의 수식어가 따라붙었습니다. 그 자리에 올라서는 과정이 쉽지 않았고, 위기도 많았습니다. 삼성전자가 위기를 극복할 수 있었던 결단의 순간들을 정리했습니다.

'높이 쌓기' 결정, K반도체 명운 갈랐다

"스택(Stack) 방식이 맞을 것이라는 감은 있었지만 나 자신도 100% 확신은 못한 상태였기 때문에 운이 좋았다고 할 수 있다."

이는 2010년 삼성전자의 40년 역사를 담아 출간된 『도전과 창조의 유산』에 실려 있는 내용으로, 이건희 삼성 선대회장이 과거를 회고하며 한 말입니다.

1988년 이건희 선대회장은 4M(메가비트) D램을 만드는 방식을 두고 깊은 고민에 빠졌습니다. 반도체 칩 평면 공간은 한정되어 있는데, 당시 기술만으로는 더 이상 셀(Cell)의 물리적 공간을 확보하기 어려웠기 때문입니다.

반도체는 과거나 지금이나 집적도를 높이는 것이 핵심입니다. 한정된 공간에서 얼마나 효율적으로 칩을 쌓아올릴 공간을 많이 확보할 수 있느냐가 관건입니다. 당시 메모리 용량은 빠르게 늘고 있었는데, 이를 위한 저장 공간을 더 많이 확보할 수 있는 신기술이 필요했습니다. 이 선대회장으로서도 이는 결단을 내려야 하는 순간이었

1983년 11월, 64K D램 시생산에 성공한 삼성전자 개발진

습니다. 한번 기술을 적용하면 바꾸기 쉽지 않고, 어쩌면 삼성전자 반도체 사업의 미래까지 달라질 수 있어 그의 고민은 깊어질 수밖에 없었습니다.

그러나 결정적인 순간, 삼성전자는 남들과 다른 선택을 합니다. 이 선대회장은 대다수가 선택한 '트렌치(Trench)' 방식 대신 '스택'을 적용하기로 합니다.

"단순하게 생각합시다. 지하로 파는 것보다 위로 쌓는 게 쉽지 않겠습니까!"

당시 스택은 처음 시도하는 기술이었던 만큼 전문경영인조차도 주저하는 상황이었습니다. 스택과 트렌치는 D램을 만들 때 평면 방

K메모리가 잘나가게 된 이유

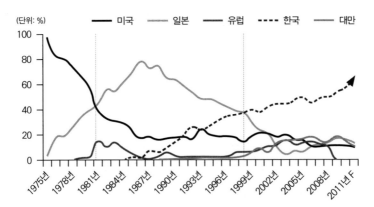

국가별 D램 점유율 추이 비교

(단위: %) — 미국 ……… 일본 — 유럽 ----- 한국 — 대만

출처: 시장조사업체 Gartner, 신한금융투자

식으로 셀을 쌓는 것이 물리적 한계에 도달하면서 대두된 기술입니다. 스택은 셀을 위로 쌓아올려 비교적 작업하기가 쉽고, 경제적인 특징이 있습니다. 불량이 생겼을 때 쉽게 내부 회로를 확인할 수 있습니다.

반면 트렌치는 셀을 아래로 파고 내려가며 쌓는 방식입니다. 안전을 확보함과 동시에 칩을 작게 만들 수 있지만 공정이 까다로운 데다가 내부 회로에 문제가 발생해도 해결이 어렵습니다.

그럼에도 이건희 선대회장은 스택을 택했습니다. 스택의 장점이 더 크다고 본 것입니다. 다소 도전적으로 보였던 이건희 선대회장의 선택은 결론적으로 성공이었습니다. 심지어 트렌치 방식을 표준으로 삼았던 많은 경쟁사는 오히려 시장에서 밀려났습니다. 이는 1992

년 삼성전자가 세계 최초 64M D램 반도체를 개발하고, 일본을 추월해 글로벌 메모리 시장에서 1위에 오르는 데도 결정적인 기반이 되었다고 볼 수 있습니다. 이후 삼성전자는 30년 넘게 D램 시장에서 점유율 1위 자리를 지키고 있습니다.

D램 신기술 전쟁, 위기의 순간도

이후에도 위기가 없었던 건 아닙니다. 이른바 '램버스(Rambus) D램 사태'로 불리는 사례가 대표적입니다. 1990년대 후반부터 2000년대 초반까지 삼성전자를 포함해 메모리 기업들은 다시 한번 결단이 필요한 순간을 맞이합니다. 메모리 중에서도 차세대 D램 표준 방식을 두고 '램버스'와 'DDR(Double Data Rate)'의 2가지로 시장이 양분되었기 때문입니다.

1992년 미국 램버스사가 개발한 램버스 D램은 대역폭이 크게 향상된 메모리로 속도가 빠르다는 특징을 가졌습니다. 2000년대 초반 가장 널리 쓰였던 싱크로너스(Synchronous) D램보다 데이터 처리 속도가 10배나 빨랐습니다. 반면 DDR D램은 높은 소비 전력 효율 등 뛰어난 가격 경쟁력이 장점이었습니다.

당시 D램 시장에서 1위였던 삼성전자를 제치고자 일본 메모리 기업 NEC와 미국 마이크론, 독일 인피니언 등은 램버스 D램에 대한 투자를 대폭 늘렸습니다. 반면 삼성전자는 램버스가 아닌 DDR D램에 집중하기 시작했습니다.

이렇게 양분되었던 D램 시장의 상황이 정리된 시기는 2003년입니다. 이 해에 인텔은 램버스 D램 기반 칩셋의 제조 중단을 발표했습니다. 저가용 PC에 대한 수요가 커지면서 상대적으로 가격이 저렴했던 DDR D램의 시장 경쟁력이 더 높아졌기 때문입니다. 이에 시장에서는 램버스가 아닌 DDR D램이 차세대 표준으로 자리 잡게 되었고, 삼성전자가 보다 확실하게 D램 시장의 주도권을 가져가게 됩니다. 반대로 램버스 D램을 선택했던 경쟁사들은 막대한 적자를 안게 되었습니다.

삼성전자가 2006년 이후 18년째(2023년 기준) 1위를 수성해온 SSD(Solid State Drive)도 위기 상황에서 내린 결단이 주효했습니다. 저장장치 사업에서 삼성전자는 갈림길에 섰던 적이 있습니다. 바로 기존 저장장치 시장의 주류였던 HDD(Hard Disk Drive)와 차세대 제품인 SSD 중 어떤 방식을 택하느냐였습니다. HDD는 기계식 방식으로 대용량 메모리를 저장하면서도 가격이 저렴해 대중적인 저장장치로 쓰이고 있었습니다. 하지만 속도가 느리고 발열이 심하다는 치명적인 단점이 있었습니다.

반면 SSD는 반도체에 메모리를 저장하는 디지털 방식을 활용합니다. 낸드플래시 기반이라 데이터 처리 속도가 굉장히 빠르고, 대용량 메모리를 저장하면서도 소형화가 가능하다는 특징이 있습니다.

또한 전력을 적게 쓰고, HDD처럼 발열이나 소음도 발생하지 않았습니다. 다만 HDD보다 다소 비싼 가격은 유일한 단점이었습니다.

그 가운데 삼성전자가 택한 것은 SSD였습니다. 반도체사업부의 HDD사업 부문을 2011년 4월 미국 HDD 기업인 '씨게이트(Seagate)'에 매각합니다. 메모리반도체와 시스템LSI 등 반도체 사업에 보다 집중하겠다는 것이 당시 삼성전자의 매각 이유였습니다. 그러면서도 씨게이트와는 적극적인 협력을 약속합니다.

이후 저장장치 시장에서는 HDD보다 SSD의 장점이 부각되며 SSD 수요가 빠르게 늘고 있는 상황입니다. 데이터센터나 인공지능(AI) 등 데이터 처리 속도의 중요성이 점차 증가하며 저장장치 제품의 주류가 SSD로 바뀌고 있습니다. 삼성전자는 점유율 47.4%(2024년 1분기 기준, 시장조사업체 트렌드포스)로 전체 SSD 시장을 리드하고 있습니다.

이어진 신들린 결단, 낸드플래시 패권을 쥐다

D램과 더불어 대표적인 메모리반도체인 낸드플래시의 경우 삼성전자의 결정적인 선택이 전체 시장의 흐름까지 바꿨습니다.

현재 낸드플래시는 얼마나 높이 저장공간을 쌓아올리는지가 경쟁력의 척도입니다. 현존하는 기술력으로는 300단에서 최고 1000단까지 양산하겠다는 계획도 나오고 있는 상황입니다. 낸드플래시는 초고층 아파트에 비유하면 이해하기가 쉽습니다. 똑같은 면적의 땅 위에 최대한 많은 층을 만들어 사람이 살 공간을 만들어내듯이, 낸드플래시도 웨이퍼 위에 층을 차곡차곡 쌓아 저장공간인 셀을 많이 확보하는 원리입니다. 삼성전자는 이러한 시장의 '쌓기' 흐름을 처음 만들어낸 기업입니다.

낸드플래시가 본격 상용화되기 시작한 시기는 2000년대 들어서입니다. 시장이 형성되던 초기 경쟁의 핵심은 '누가 더 미세한 공정 기술력을 확보하느냐'였습니다. 하지만 10나노(nm·1억 분의 1m)급 공정에 들어서면서 기술적 한계에 부딪히기 시작했습니다. 통상적으로 반도체에 쓰이는 '나노미터 수치'는 반도체 칩 사이인 회로의

삼성, 낸드플래시 수직 적층

출처: 삼성전자

선폭을 의미합니다. 그런데 선폭이 가늘어지면서 셀 간 간섭이 발생하기 시작한 것입니다. 이럴 경우 데이터가 바뀌거나 저장 속도가 느려지는 문제가 발생하게 됩니다. 기술적 한계로 인해 투자 대비 생산량 증대 효과도 둔화하기 시작합니다.

이때 삼성전자는 위기 가운데 새로운 방식을 시도합니다. 바로 3차원(3D) V낸드 기술입니다. 여기서 V는 수직을 의미하는 'Vertical'에서 따왔습니다. 기존 낸드플래시는 저장공간을 옆으로 붙여 수평 공간만을 활용했지만 이를 아래위로 쌓아 수직 공간까지 쓰기로 결정합니다. 당시 3D V낸드는 기존 10나노급 2D 플라나(Planar) 낸드플래시보다 생산성이 높고, 속도와 내구성은 각각 2배, 10배 이상 뛰어났습니다. 소비 전력도 절반 수준으로 비용까지 아낄 수 있다는 장점이 있었습니다.

이후 삼성전자는 2013년 3D V낸드 기술을 개발하고, 다음 해에 세계 최초로 수직 구조를 적용한 24단 3D V낸드를 양산하게 됩니다. 삼성전자가 3D V낸드를 양산하며 낸드플래시 시장의 기술 패러다임을 완전히 바꾸게 된 중요한 순간이었습니다. 삼성전자는 3D V낸드를 탑재한 SSD도 선보이며 메모리 시장을 이끌기 시작합니다.

공중분해 위기 극복,
하이닉스의 절치부심

SK그룹을 시가총액 2위(2024년 상반기 기준)에 올린 일등 공신인 SK 하이닉스도 지금의 위상을 갖추기까지 위기의 순간이 많았습니다. 1997년 외환위기 당시 하이닉스반도체의 해외 매각 가능성까지도 나오던 상황에서 이들은 예상치 못한 결단을 내렸습니다. '블루칩(Blue Chip)' 프로젝트를 가동한 것입니다. 대대적인 구조조정만으로는 경영을 정상화하기 어렵다는 판단하에 나온 대책이었습니다. 하이닉스반도체는 2001년 당시 대규모 부채로 자금이 부족했던 만큼 설비투자 비용을 최소화할 수밖에 없었습니다. 소규모 투자로 최대의 시너지 효과를 창출하자는 것이 블루칩 프로젝트의 근본적인 목적이었습니다.

투자 고정관념 탈피, 블루칩 프로젝트의 비밀

블루칩 프로젝트의 핵심은 반도체 공정의 혁신에 있었습니다. 새 장비를 도입하지 않고, 기존에 갖고 있던 장비를 개선하는 것만으로 반도체를 생산하겠다는 전략입니다. 실제 블루칩 프로젝트를 통해 기존 대비 3분의 1 규모의 자금만 투자해 원가 경쟁력을 갖춘 초미세 회로 선폭 공정 기술을 개발하는 데 성공하게 됩니다.

회로 선폭 미세화를 위한 설비 투자의 핵심인 리소그래피(Lotho

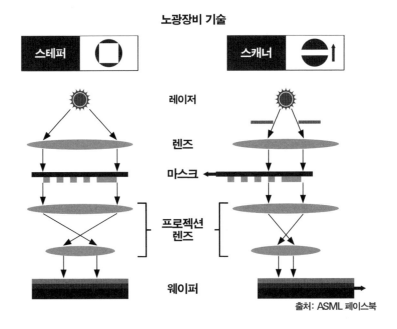

노광장비 기술

출처: ASML 페이스북

graphy) 공정에서 신규 스캐너(Scanner) 장비 대신 기존에 있던 스테퍼(Stepper)를 사용해 투자비를 획기적으로 줄였습니다. 스테퍼 장비는 회로 선폭을 더 미세화하는 데 한계가 있다고 알려졌지만 이를 극복한 것입니다. 블루칩 기술을 활용하면 기존 0.18마이크로미터(μm·1μm=100만분의 1m)급 공정과 비교해 생산성이 1.7배 더 높아지고, 웨이퍼당 반도체 칩의 개수도 최대 10% 많아졌습니다. 하이닉스반도체는 제조기술의 장점만 모아 공정을 단순화해 기존 장비로 0.15마이크로미터급 제품도 생산하는 데 성공했습니다.

블루칩 프로젝트는 한마디로 '기적'이라고 불렸습니다. 여기에 하이닉스반도체는 블루칩 기술을 향상해 개발한 0.13마이크로미터급 이하 첨단 공정기술 '프라임칩'과 이를 확대 적용한 0.10~0.11마이크로미터급의 '골든칩'까지 이른바 '칩패밀리'를 완성했습니다.

블루칩 프로젝트가 기적이라고 불렸던 데는 이유가 있습니다. 반도체는 다른 산업 대비 기술 변화의 속도가 빨라 선행 제품을 생산할 수 있는 차세대 반도체 장비의 역할이 굉장히 중요합니다. 지금의 반도체 시장 상황만 봐도 알 수 있습니다. 현재 주요 반도체 기업들은 ASML의 최신 극자외선(EUV) 노광장비를 확보하기 위해 '총성 없는 전쟁'을 벌이고 있습니다. 국내뿐만 아니라 해외 반도체 기업들까지 한 대당 수천억원에 달하는 EUV 장비를 확보하기 위해 안간힘을 쓰는 상황입니다.

현재 기술력에서 더 미세한 공정을 실현하는 데는 EUV가 결정적인 역할을 하는데, ASML이 연간 50대 정도만 생산해 수요 대비 공급이 부족한 탓입니다. 반도체의 기본 흐름과 정반대인 블루칩 프로젝트를 가동하기까지 하이닉스반도체의 결단이 필요했던 이유입니다.

블루칩 프로젝트가 성공한 이후에도 하이닉스반도체의 위기는 계속되었습니다. 외환위기 직후인 2001년 10월 대규모 부채로 워크아웃(기업구조 개선작업)이 시작되었고, 4년여 만인 2005년 7월 워크아웃에서 벗어났지만 새 주인을 찾기까지의 과정이 순탄치는 않았습니다. 수년에 걸쳐 총 두 번의 매각 시도가 모두 실패했습니다.

SK그룹 품에 안긴 하이닉스반도체

그때 등장한 것이 바로 SK그룹이었습니다. 2011년 하이닉스반도체는 드디어 SK그룹이라는 새 주인을 찾게 되었습니다.

"1978년 선경반도체를 설립하고 반도체 산업 진출을 모색했다가 석유파동으로 꿈을 접었던 SK가 30여 년이 지난 오늘 메모리반도체 세계 2위 하이닉스를 새 가족으로 맞았습니다. 세계 일류 반도체 기업으로 거듭나 국가경제와 지역사회 발전을 위해 행복을 나누는 SK하이닉스를 만들어가겠습니다."

2012년 3월, 하이닉스를 품에 안은 최태원 SK그룹 회장이 출범식에서 했던 말입니다. 인수한 그해 SK하이닉스는 영업손실만 2천

경기도 이천 본사에서 진행된 SK하이닉스 출범식(2012년 3월)

출처: SK하이닉스 뉴스룸

273억원을 낸 적자 기업이었습니다. 결국 2011년 7월, SK텔레콤이 3차 매각에서 하이닉스반도체에 대한 인수의향서를 제출하며 지금의 SK하이닉스가 모습을 갖추게 되었습니다.

이후 SK하이닉스는 적자 기업에서 연간 영업이익 6조 8천94억원(2022년 기준)을 내는 SK그룹의 캐시카우(현금창출원)로 자리 잡게 됩니다. 물론 2023년에는 유례없는 반도체 시장 한파로 7조 7천303억원의 적자를 내기도 했습니다. 매출은 2012년 10조 1천622억원에서 2022년 44조 6천481억원으로 4배 넘게 커졌습니다. SK텔레콤이 당시 하이닉스반도체 인수를 위해 들였던 자금은 3조 3천747억원에 불과했습니다.

실제 SK그룹의 하이닉스반도체 인수 첫해에는 전년보다 10% 늘

하이닉스반도체의 매각 주요 흐름

2008년 11월	매각주간사 우리투자증권·산업은행 컨소시엄, CS증권 선정
2009년 9월	효성, 인수의향서(LOI) 단독 제출
2009년 11월	효성, 인수 의향 철회 공시
2009년 12월	2차 매각 공고
2010년 2월	인수의향서 미제출로 2차 매각 불발
2011년 6월	3차 매각 공고
2011년 11월	SK텔레콤 단독 응찰
2012년 2월	SK텔레콤, 매각 대금 3조 3천747억원 납부

어난 시설 투자비(3조 8천500억원)를 활용해 청주 공장의 가동도 시작하게 됩니다. 그해 반도체 시장의 경기 악화로 다른 기업들 대부분이 투자를 줄이고 있었는데도 말입니다. 이후 시설과 연구개발을 위한 투자금은 매년 점차 늘어갔습니다. SK하이닉스가 지금의 메모리 기술력을 갖출 수 있었던 배경입니다.

두 번의 '치킨게임', 램 굳히기 통했다

한국이 메모리 강국이 될 수 있었던 결정적인 순간은 시대의 흐름에서도 찾아볼 수 있습니다. 바로 2000년대 들어 전 세계 반도체 시장을 강타했던 두 번의 '치킨게임'입니다.

많이 팔아 수익을 남기는 '박리다매' 특성을 지닌 메모리 산업은 '규모의 경제'가 큰 경쟁력으로 작용합니다. 그렇기 때문에 기업들 사이에서 규모를 앞세운 출혈경쟁도 불가피했습니다. 메모리가 반도체 분야 중에서도 상대적으로 기술력 등 진입장벽이 낮아, 시장의 성장과 함께 경쟁사가 우후죽순으로 생겨났기 때문입니다. 그런 출혈경쟁에서 한국이 두 번이나 굳건히 버텨내면서 현재와 같은 메모리 강국이 될 수 있었습니다.

'치킨게임'이란 자동차 경주에서 유래한 단어입니다. 두 사람이 각각 자동차를 타고 정면으로 달려오는 상황에서 어느 한쪽이 양보하지 않으면 정면충돌하고, 둘 중 한 명이 피하면 끝까지 버틴 쪽이 이기게 되는 단순한 게임입니다. 이때 할 수 있는 선택은 '회피'와 '직진'뿐입니다.

흔히들 반도체 산업을 경기의 변화에 따라 상승과 하강이 반복되는 '사이클(Cycle) 산업'이라고 합니다. 앞서 D램 시장은 2007년과 2010년에 큰 고비를 맞은 적이 있습니다. D램 시장에서 공급과잉으로 인한 다운턴(하강국면)이 시작되었던 때입니다. 여기에 2008년~2009년에는 글로벌 금융위기까지 겹치면서 D램 시장 수요 자체가 크게 줄어들게 됩니다. 공급 대비 수요가 적은 '수요자 우위 시장'이 되면서 D램 가격은 떨어졌고, 기업들은 D램을 팔면 팔수록 오히려 손해를 보는 순간까지 이르게 되었습니다.

팔수록 손해, 그런데도 치킨게임은 왜?

2007년 이른바 '1차 반도체 치킨게임'이 일어나면서 D램 시장의 경쟁이 극에 달합니다. 발단은 대만 D램 업체들이 생산량을 늘리면서였습니다. 이에 다른 반도체 기업들도 D램 가격을 경쟁적으로 내리면서 출혈경쟁이 본격화되었습니다.

K메모리가 잘나가게 된 이유

여기에 글로벌 금융위기까지 터지자 당시 주력 제품이었던 512 M(메가비트) DDR2 D램의 가격은 2009년 0.5달러까지 떨어졌습니다. 한때 개당 6.8달러(2006년)를 받고 판매했던 제품을 3년 만에 사실상 '헐값'에 팔게 된 것입니다.

이에 따라 독일 인피니언의 D램 자회사인 키몬다(Qimonda)가 2009년 1월에 최종 파산 신청을 합니다. 1차 반도체 치킨게임의 결과로 한 회사가 문을 닫게 된 것입니다. 키몬다는 당시 세계 5위 규모를 자랑하던 D램 기업이었지만 양보 없는 경쟁에서 헐값이 된 D램을 팔 수 있는 여력이 더 이상 없었습니다.

승부의 세계는 잔인한 법, 삼성전자와 하이닉스반도체는 경쟁사가 무너지기만을 기다렸습니다. 이 와중에도 양사는 글로벌 메모리 시장에서 1·2위를 유지했습니다. 다른 메모리 기업들이 수천억원의 영업손실을 낼 때 삼성전자는 되려 영업이익을 내기도 했습니다. 결과적으로 두 회사는 2009년 도합 글로벌 메모리 시장의 절반이 넘는 점유율을 차지하게 됩니다.

얼마 지나지 않아 두 번째 치킨게임이 발발했습니다. 2010년 대만과 일본 기업들이 생산시설에 대규모 투자를 하겠다고 나선 것이 단초가 되었습니다. 여기에 삼성전자와 SK하이닉스 모두 공장 증설로 생산량을 늘리기 시작했고, 이에 주요 D램 제품의 가격은 다시 한번 곤두박질치게 됩니다. 그 여파로 당시 D램 시장에는 크게 한국의 삼성전자·SK하이닉스, 미국의 마이크론, 일본의 엘피다 정도의 대형 기업만 남아 있었습니다.

결국 2차 반도체 치킨게임에서는 일본 내 유일한 D램 기업인 엘피다가 대규모 적자를 낸 채 파산에 이르게 됩니다. 일본 정부가 공적 자금은 물론 은행도 자금을 수혈해 잠시 흑자를 내기도 했지만 결국 마이크론에 의해 25억달러에 인수되며 엘피다는 역사 속으로 사라졌습니다.

당시 주력 제품이었던 1G(기가비트) DDR3 D램의 가격은 1달러를 하회하기도 했습니다.

삼성전자·SK하이닉스·마이크론의 3강체제로

이렇듯 두 번의 역사적인 사건을 거쳐 지금의 D램 3강체제가 굳건히 자리 잡게 되었습니다. 20여 곳의 D램 업체가 삼성전자·SK하이닉스·마이크론의 3강체제로 압축된 것입니다. 2023년 4분기(매출 기준) 삼성전자는 전 세계 D램 시장에서 45.5% 점유율로 1위를 지켰습니다. SK하이닉스와 마이크론도 각각 31.8%, 19.2%로 뒤를 이었습니다. 도합 96.5%로 사실상 3개사가 전 세계 모든 D램을 생산한다고 해도 과언이 아닙니다.

그렇게 두 번의 치열한 경쟁 끝에 삼성전자와 SK하이닉스가 살아남으면서 한국은 메모리 강국이 되었습니다. 마이크론을 뺀 두 기업의 점유율만 보더라도 77%를 넘어서기 때문에 메모리는 사실상 다른 국가가 넘보기 힘든 영역이 되었습니다. 한국은 주력인 메모리 산업을 기반으로 파운드리, 팹리스까지 반도체 생태계를 점차 확장하는 상황입니다.

2005년 전 세계 D램 시장 점유율

순위	회사명	매출	점유율	국가
1	삼성전자	74억 6천만달러	32.1%	한국
2	하이닉스반도체	41억 1천700만달러	16.4%	한국
3	마이크론	38억 5천300만달러	15.5%	미국
4	키몬다	32억 2천600만달러	13.3%	독일
5	엘피다	17억 7천800만달러	7.2%	일본

출처: 시장조사업체 가트너

2009년 4분기 전 세계 D램 시장 점유율

순위	회사명	매출	점유율	국가
1	삼성전자	27억 5천만달러	31.7%	한국
2	하이닉스반도체	18억 7천100만달러	21.6%	한국
3	엘피다	16억 8천만달러	19.4%	일본
4	마이크론	10억 5천700만달러	12.2%	미국
5	난야	4억 9천600만달러	5.7%	대만

출처: 시장조사업체 D램익스체인지

2014년 전 세계 D램 시장 점유율

순위	회사명	매출	점유율	국가
1	삼성전자	186억 6천100만달러	40.4%	한국
2	SK하이닉스	126억 6천600만달러	27.4%	한국
3	마이크론	113억 9천500만달러	24.6%	미국
4	난야	16억달러	3.5%	대만
5	윈본드	6억 3천700만달러	1.4%	대만

출처: 시장조사업체 HIS

K메모리가 잘나가게 된 이유

'슈퍼사이클'로
승자독식이 펼쳐지다

치킨게임에서 승리하면서 삼성전자와 SK하이닉스는 전 세계 메모리 시장의 주도권을 확실히 가져가게 됩니다. 업황 상승 및 하강의 폭과 한 사이클이 지속되는 기간은 그때마다 다소 차이가 있는데, 비교적 긴 시간 메모리 제품의 가격이 상승하는 추세를 일컬어 슈퍼사이클이라고 칭합니다.

메모리반도체 산업은 여러 차례 이런 일을 겪었습니다. 대표적으로 1990년대 초 PC 산업이 부흥할 때 D램 가격은 금값이라 불릴 정도로 천정부지로 치솟았는데, 이것이 첫 번째 슈퍼사이클로 불립니다. 당시 수요가 폭증하자 반도체 기업들은 대규모 투자를 단행하며 생산 능력을 크게 늘리기 바빴습니다.

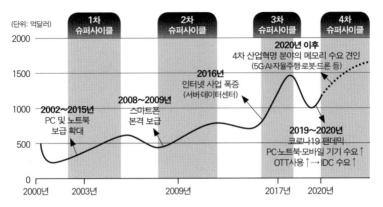

메모리반도체 슈퍼사이클(2000년~현재)

(단위: 억달러)

| 1차 슈퍼사이클 | 2차 슈퍼사이클 | 3차 슈퍼사이클 | 4차 슈퍼사이클 |

2020년 이후
4차 산업혁명 분야의 메모리 수요 견인
(5G·AI·자율주행·로봇·드론 등)

2016년
인터넷 사업 폭증
(서버·데이터센터)

2008~2009년
스마트폰
본격 보급

2002~2015년
PC 및 노트북
보급 확대

2019~2020년
코로나19 팬데믹
PC·노트북·모바일 기기 수요↑
OTT사용↑→IDC 수요↑

하지만 1차 슈퍼사이클은 곧 부메랑으로 돌아왔습니다. 슈퍼사이클이 컸던 만큼 다운턴의 충격도 심각했습니다. 1996년 초부터 떨어지기 시작한 D램 가격은 무려 2년 4개월 동안 하염없이 추락했습니다. D램 가격이 고점 대비 87%가 빠지고 나서야 바닥을 쳤습니다. 이때 반도체 기업들은 뼈아픈 교훈을 얻게 됩니다.

이후에도 2000년 전후 Y2K(2000년 사이버 위기 공포) 버블 붕괴에 따른 PC 수요 둔화, 낸드 부흥에 따른 D램의 상대적 감산, 2008년 발생한 금융위기, 스마트폰으로의 전환 등 사이클이 여러 번 있었습니다. 이때마다 D램 가격은 최대 90%까지 떨어지는 등 큰 낙폭을 보였습니다.

K메모리가 잘나가게 된 이유

전례없던 슈퍼사이클, K메모리가 뜨다

이 같은 상황에서 2017년에 시작된 사상 최대의 슈퍼사이클은 한국을 메모리 강국으로 만드는 결정적인 계기가 됩니다. 2017년에 많은 서비스가 클라우드 서비스로 전환되면서 전 세계에 수많은 데이터 센터가 설립되었습니다. 이로 인해 서버용 메모리반도체도 호황기를 맞았습니다. 2017년 1월 D램 고정거래 가격은 약 36% 상승했습니다. 연초 2.69달러였던 D램이 12월엔 3.59달러까지 올랐습니다.

낸드플래시도 마찬가지로 상승 곡선을 그렸습니다. 2017년 초 4.54달러였던 가격은 8월 5.78달러까지 높아졌습니다. 삼성전자와 SK하이닉스의 수익성도 빠른 속도로 커졌습니다.

삼성전자 반도체 부문은 2017년 영업이익률이 47.4%에 달했고, 이듬해에는 51.7%로 올랐습니다. SK하이닉스도 영업이익률이 2017년 46%에서 이듬해 52%까지 올랐습니다. 살아남은 메모리 기업들은 지난 출혈경쟁의 적자를 만회하고도 남는 수십조원의 영업이익을 거둬들이게 됩니다.

SK하이닉스는 2017년 1분기 실적발표(컨퍼런스콜)에서 D램과 낸드플래시의 평균판매 가격(ASP)이 전 분기보다 각각 24%, 15% 올랐다고 밝혔습니다. 메모리 시장의 전반적 공급 부족 현상에 PC와 서버용 D램 가격이 상승했고, 낸드플래시는 모바일 등 수요가 확대

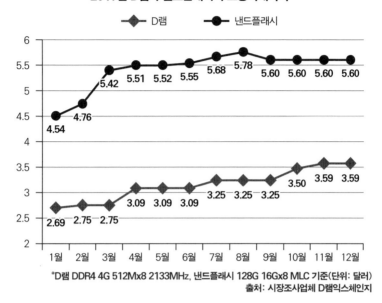

2017년 D램과 낸드플래시의 고정거래가격

◆ D램　　●낸드플래시

*D램 DDR4 4G 512Mx8 2133MHz, 낸드플래시 128G 16Gx8 MLC 기준(단위: 달러)
출처: 시장조사업체 D램익스체인지

하며 전체 메모리 시장이 공급자 우위 시장으로 변하게 되었기 때문입니다.

삼성전자는 슈퍼사이클 직전인 2016년에 29조 2천400억원의 영업이익을 냈지만 2017년 53조 6천500억원 → 2018년 58조 9천억원으로 잇달아 역대 최대 흑자를 달성하게 됩니다. 메모리 호황 덕분이었습니다. 매출도 2016년 201조 8천700억원 → 2017년 239조 5천800억원 → 2018년 243조 7천700억원으로 늘었습니다. 2018년 1분기엔 영업이익률이 무려 55.6%를 기록하며 상승 사이클의 버프(Buff)효과를 톡톡히 봅니다.

K메모리가 잘나가게 된 이유

당시 반도체 사업으로 거둬들인 수익은 인수·합병(M&A)을 위한 시드머니가 되었습니다. 전장 부문의 자회사인 '하만'이 대표적입니다. 삼성전자는 2017년 3월 80억달러, 당시 기준으로는 약 9조원이 넘는 자금을 주고 하만을 인수합니다.

사상 최대 실적을 갈아치운 것은 SK하이닉스도 마찬가지였습니다. SK하이닉스는 2017년부터 2년 연속 사상 최대 실적을 경신했습니다. 2016년만 해도 영업이익이 3조 2천767억원에 불과했던 SK하이닉스는 2017년 13조 7천213억원에 이어 2018년 약 7배에 달하는 20조 8천438억원을 거둬들이게 됩니다.

당시 슈퍼사이클에 힘입어 대규모 투자에도 성공합니다. SK하이닉스는 2018년 당시 베인캐피탈(Bain Capital)이 포함된 한미일 연합 컨소시엄에 참여했고, 그해 6월 일본 도시바 메모리(현 키옥시아) 지분 인수에 3천950억엔을 투자합니다.

메모리가 상승 국면에 들어서면서 한국의 수출 규모도 급격히 성장합니다. 2016년 4천954억달러에서 2017년과 2018년 각각 5천737억달러, 6천49억달러로 불과 2년 만에 1천95억달러가 늘었습니다. 2018년 전체 수출액 중 반도체 부문은 1천267억 1천만달러로 21%의 비중을 차지했습니다. 물론 2018년 하반기에 들어서자 메모리 시장의 전반적인 수요가 떨어지며 사실상 슈퍼사이클은 종료됩니다.

전 세계 반도체 시장 점유율(1993년 기준)

순위	회사명	매출	점유율	국가
1	인텔	76억달러	9.2%	미국
2	NEC	71억달러	8.6%	일본
3	도시바	63억달러	7.6%	일본
4	모토로라	58억달러	7.0%	미국
5	히타치	52억달러	6.3%	일본
6	텍사스인스트루먼트	40억달러	4.8%	미국
7	삼성전자	31억달러	3.8%	한국
8	미쓰비시	30억달러	3.6%	일본

출처: 시장조사업체 IC인사이츠

전 세계 반도체 시장 점유율(2023년 기준)

순위	회사명	매출	점유율	국가
1	인텔	487억달러	9.1%	미국
2	삼성전자	399억달러	7.5%	한국
3	퀄컴	290억달러	5.4%	미국
4	브로드컴	256억달러	4.8%	미국
5	엔비디아	240억달러	4.5%	미국
6	SK하이닉스	228억달러	4.3%	한국
7	AMD	227억달러	4.2%	미국
8	ST마이크로일렉트로닉스	171억달러	3.2%	스위스

자료: 시장조사업체 가트너

K메모리가 잘나가게 된 이유

K메모리 역사에서 최고의 순간들은?

일본 이겼다, 세계 첫 256M D램

반도체 시장에선 경쟁사보다 기술을 먼저 확보하는 것이 곧 생존으로 이어집니다. 삼성전자와 SK하이닉스는 '최초의 역사'를 쓰며 메모리 강국으로서의 지위를 지켜냈습니다.

1983년 삼성전자는 마이크론으로부터 넘겨받았던 칩을 기반으로 반년간 연구개발한 끝에 자체적으로 64K(킬로비트) D램을 만드는 데 성공합니다. 일본이 같은 기술을 개발하는 데 6년이나 걸렸던 것을 비교하면 굉장한 성과였습니다. 이로써 한국은 미국, 일본에 이어 세 번째 64K D램 개발국이 됩니다. 삼성전자는 1994년엔 세계 첫 256M(메가비트) D램의 개발에 성공합니다. 이는 시장을 주도하던 일본 기업과 기술 격차를 6개월 이상 벌리는 혁신이었습니다.

용량의 혁신을 가져온 '황의 법칙'

낸드플래시에서도 삼성전자의 세계 최초 타이틀은 이어집니다. 2004년 삼성전자는 세계 최초로 60나노급 8G(기가비트) 낸드플래시를 개발했습니다. 2002년 황창규 당시 삼성전자 사장은 미국 샌프란시스코에서 열린 국제반도체회로학술회의(ISSCC) 총회에서 "반도체 메모리 집적도가 1년에 2배씩 증가한다"고 말했습니다. 이른바 '황의 법칙'으로 불립니다.

실제로 삼성전자는 1999년 256M 낸드플래시를 개발하고 매년 2배씩 향상된 메모리를 개발해내 2007년엔 64G까지 용량을 늘리는 데 성공합니다. 2009년 11월엔 세계 첫 30나노급 32G 3bit(비트) 낸드플래시를 양산한 데 이어, 2010년 10월엔 2배 용량의 20나노급 64G 3bit 낸드플래시를 만들었습니다.

속도가 2배 빠른 D램 개발

SK하이닉스 역시 세계적인 기술력을 견지하며 메모리 시장을 선도해왔습니다. 그 시작은 현대전자산업 시절이었던 1984년 12월 국내 최초 '16K S램' 시제품 시험 생산이었습니다. 1983년 2월 설립된 현대전자산업은 그해 10월에야 경기도 이천에 반도체 1공장을 착공한 상태였습니다. 같은 해 8월 세계 최초로 1G DDR2 D램을 개발하는 데 성공합니다. 기존 DDR D램보다 동작 전압은 낮으면

K메모리가 잘나가게 된 이유

서도 데이터 처리 속도는 2배 이상 빨라졌습니다. 이 제품은 이른바 '골든칩'이라 의미가 더 컸습니다. 앞서 언급되었던 것처럼 투자 비용을 대폭 줄이고 기존 공정을 혁신해 개발한 0.11마이크로미터 기술 기반 칩이었습니다.

　　D램 호황에 힘입어 당시 하이닉스반도체는 업계 최초 제품을 잇달아 선보입니다. 2004년 3월 출시한 랩톱(Laptop)용 1GB(기가바이트) DDR2 모듈과 고성능 서버용 2GB DDR2 모듈 등이 대표적입니다. 이 제품들 역시 골든칩 기술을 적용한 제품이었습니다. 이후 2006년에는 세계 최초로 60나노급 1G DDR2 D램을 적용한 세계 최고속도(800Mhz) 메모리 모듈을 개발하기도 합니다. 2007년 11월에는 세계 최초의 그래픽용 60나노급 1G GDDR5 D램을 선보입니다. 고성능 컴퓨팅과 그래픽을 구현하기에 적합한 제품이었습니다.

기울어져가던 가세를 일으킨 HBM

　　삼성전자와 SK하이닉스의 세계 최초·최고 기술은 셀 수 없이 많지만 현재도 역사는 이어지고 있습니다. 특히 최근 들어 인공지능(AI) 등 고성능 메모리에 대한 수요가 급증하고 있어 두 회사의 메모리 기술력이 더 중요해진 상황입니다. 특히 SK하이닉스의 경우 생성형 AI의 핵심인 고대역폭메모리(HBM)에서 존재감을 드러내고 있습니다.

SK하이닉스는 2013년 12월 세계 최초로 HBM을 개발했습니다. 당시만 하더라도 HBM 제품에 대한 수요가 지금처럼 커질 것이라 고는 누구도 예상하지 못했습니다. 이어 SK하이닉스는 2019년 8월 HBM2E(3세대)를 선보입니다. HBM에 대한 SK하이닉스의 선제적 인 투자였습니다. 삼성전자도 2016년 세계 최초로 4GB HBM2(2세 대)를 양산합니다. 앞으로도 두 회사의 HBM을 둘러싼 경쟁은 더욱 치열해질 전망입니다.

2023년 전 세계 HBM 시장 점유율

순위	회사명	점유율
1	SK하이닉스	53%
2	삼성전자	38%
3	마이크론	9%

자료: 시장조사업체 트렌드포스

한국은 1990년대부터 무려 30년간 전 세계에서 굳건한 '메모리 1위' 강국으로 이름을 날렸습니다. 여전히 반도체는 한국 수출의 효자 역할을 톡톡히 하며 전체 수출액의 20% 이상을 차지할 정도입니다. 그런데 모든 면에서 영원한, 완벽한 먹거리는 없나봅니다. 메모리가 가진 특성의 한계가 뚜렷하게 나타나면서 '메모리로만 먹고살기에는 힘들겠구나'라는 인식이 나오기 시작합니다. 3장에서는 한국에서 왜 반도체 위탁생산(파운드리)을 포함한 '시스템반도체' 경쟁력을 강화해야 한다는 경각심이 나오게 되었는지 알아보겠습니다.

CHAPTER

3

더욱 강화된
파운드리 경쟁력

진리 같던 '무어의 법칙'이 깨지다

반도체에 조금이라도 관심이 있는 사람이라면 누구나 '무어의 법칙'이라는 용어를 한 번쯤은 들어봤을 겁니다. 무어의 법칙은 '페어차일드' 기업의 연구개발 이사였던 고든 무어가 만든 이론입니다. 고든 무어는 인텔의 공동 창업자이자, 실리콘 웨이퍼에 반도체 소자를 집어넣어 '집적회로(IC)'라고 불리는 지금의 반도체를 개발한 인물이기도 합니다.

가격은 동일하다는 전제하에 반도체에 집적하는 트랜지스터 수가 약 24개월마다 2배씩 증가한다는 것이 이 법칙의 핵심입니다. 무어의 법칙은 1965년 발표된 후 40년 넘게 반도체 업계에서 불변의 진리처럼 여겨져왔습니다.

인텔의 공동 창업자인 고든 무어

출처: 인텔 뉴스룸

무어의 법칙은 일종의 가이드라인입니다. 반도체 엔지니어들에겐 반도체의 크기를 작게 만들면서도 용량을 최대한 늘리는 것이 기술 과제였습니다.

파운드리 시장이 커지는 계기가 되다

그러나 2010년대 중반에 무어의 법칙이 깨져버렸습니다. 집적도 한계와 생산비용 상승 때문입니다. 집적회로의 선폭이 '나노(nm·1nm = 10억분의 1m)' 시대로 접어들면서 성능을 향상시키는 데 천문학적 비용이 필요하게 되었습니다. 물리적으로 칩을 더 작게 만드는 데 한계가 생긴 것입니다.

일례로 1978년에 출시된 인텔의 칩에는 약 3만 개의 트랜지스터가 집적되어 있는데, 2023년 출시된 엔비디아의 GPU 칩에는 800억 개의 트랜지스터가 집적되어 있습니다. 이는 40여 년간 반도체 기술이 얼만큼 빠르게 성장했는지 보여주는 단적인 예입니다.

무어의 법칙이 깨졌다는 것은 이제 무한 기술경쟁 시대가 저물어가고 있다는 의미이기도 합니다. 이젠 하나의 메모리 칩을 고도화하거나 크기를 줄이는 것 외에 다른 무언가가 필요하게 된 것입니다. 나중에 설명하겠지만, 이로 인해 첨단 패키징 기술의 중요성이 커집니다. 여러 개의 메모리를 쌓고 조립해 성능을 높이고 저전력을 구현하는 방식으로 집적 기술의 한계를 극복하는 것입니다. 이는 결과적으로 파운드리 시장이 커지는 계기가 되었습니다.

천당과 지옥을 오가는
메모리 사이클

메모리반도체는 거의 모든 가전이나 정보기술(IT) 기기에 들어갑니다. 이는 가장 큰 장점이지만 동시에 치명적인 단점이 되기도 합니다. 수요와 공급의 불균형에 따라 가격이 천당과 지옥을 오가는 사이클이 분명하기 때문입니다.

메모리반도체 생산라인은 365일 24시간 쉬지 않고 돌아갑니다. 고정비가 높고 오랜 제조 시간이 필요하기 때문에 수요에 따라 탄력적으로 공급을 조정할 수가 없습니다. 웨이퍼 하나가 생산라인에 들어가서 제품화되기까지 통상적으로 3~6개월 정도 걸립니다. 수요가 줄어들어도 쉽사리 감산을 할 수 없고, 수요가 늘어도 생산량을 늘리기가 힘듭니다.

결과적으로 메모리반도체 가격은 주기적으로 큰 폭의 사이클을 그리게 됩니다. 수요가 폭발할 때는 D램 구하기가 하늘의 별 따기이니 가격이 폭등하고, 수요가 줄어들어도 생산량은 크게 줄어들지 못하니 가격이 폭락하는 겁니다.

코로나 때 역대급 호황, 그 다음엔?

최근의 사례를 살펴보겠습니다. 2023년까지 메모리반도체는 최악의 암흑기를 겪었습니다. 원인은 코로나19로 인한 팬데믹의 반사효과입니다.

코로나19는 가전 및 IT 기기의 폭발적 수요 증가를 불러왔습니다. 밖을 나가지 못하니 집에서 즐길거리를 찾아야 했습니다. 결과적으로 이 시기에 미래의 수요까지 끌어다 쓴 겁니다. 덕분에 메모리반도체 업계는 역대급 호황을 맞았지만 팬데믹이 해소되면서 끝이 보이지 않는 터널에 진입했습니다. 2022년 하반기부터 약 1년 반 넘게 심각한 다운턴에 접어들었고, 2024년 초부터 회복되기 시작했습니다.

이 같은 메모리반도체의 반복적인 슈퍼사이클은 반도체 기업들에게 큰 부담이 되었습니다. 낙폭을 줄이기 위해 주요 업체들은 고심하기 시작했습니다.

결과적으로 삼성전자는 수주형 사업인 파운드리에 집중하게 되었습니다. 파운드리는 고객사로부터 수주를 받고 난 후 양산에 들어가기 때문에 메모리반도체처럼 가격이 널뛰지 않습니다. 대금을 먼저 받기 때문에 수익이 보장된다는 장점이 있습니다.

SK하이닉스도 인공지능(AI) 반도체의 부흥에 맞춰 고객사 커스터마이징(맞춤형) 메모리반도체 양산에 힘을 쏟게 됩니다. 맞춤형 메모리도 기존 범용 제품과 달리 수주형 특성을 지닙니다.

AI 붐으로
'맞춤형 칩' 시대가 열리다

2023년 세상에 등장한 챗GPT는 전 세계 AI 시장의 본격적인 성장을 알리는 트리거(trigger)가 되었습니다. 챗GPT의 등장 이후 그간 멀게만 느껴지던 AI가 우리 일상에서 본격적으로 활용되기 시작하면서 PC와 스마트폰, 가전 등 모든 IT 기기에 AI 탑재가 기본이 되고 있습니다.

AI 서비스를 운영하려면 막대한 양의 반도체가 필요합니다. AI가 추론과 학습을 하면서 어마어마한 데이터 처리가 필요하기 때문입니다. AI 서버나 데이터센터에 수천, 수만 개의 반도체가 들어간다고 알려져 있습니다.

AI 붐 현상은 맞춤형 칩 시대의 개막을 알렸습니다. 애플·구글·메타(옛 페이스북)·마이크로소프트 등 소위 빅테크로 불리는 기업들은 각자의 서비스에 알맞은 반도체를 직접 설계하고 있습니다.

이전까지 PC 중심 시장에서는 인텔의 중앙처리장치(CPU), 엔비디아의 그래픽처리장치(GPU)를 쓰는 수밖에 없었습니다. 인텔은 한때 전체 CPU 시장의 80% 이상을 점유했고, 엔비디아도 전체 GPU 시장의 90% 이상을 차지하고 있습니다. 하지만 AI 시대에서는 인텔의 CPU가 과거와 같은 힘을 쓸 수 없습니다. 인텔의 CPU는 전력 소비가 큰데, AI 서버에서 결정적으로 가장 중요한 건 저전력이기 때문입니다. 막대한 양의 에너지를 소모하는 AI 서버에서 전력 효율은 곧 비용이며, 최근 화두인 환경·사회·지배구조(ESG) 측면에서도 걸림돌입니다.

AI 서비스를 도입하려는 기업들이 각자의 제품과 서비스에 최적화된 AI 반도체를 설계하기 시작한 이유입니다. 빅테크 기업들이 넓은 범위의 팹리스(반도체 설계) 기업으로 변모하고 있습니다. 애플이 아이폰과 맥북·아이패드 등에 탑재되는 애플리케이션 프로세서(AP)를 직접 설계하는 것과 같습니다. 특히 최근에는 엔비디아와 구글이 자체 CPU를 개발하거나 인텔이 GPU를 선보이는 등 서로 간의 경계도 모호해지는 모양새입니다. AI 서비스를 도입하려는 기업들이 각자의 제품과 서비스에 최적화된 AI 반도체를 설계하기 시작한 이유입니다. 빅테크 기업들은 넓은 범위의 팹리스(반도체 설계) 기업으로 변모하고 있습니다. 애플이 아이폰과 맥북·아이패드 등에 탑재되는 애플리케이션 프로세서(AP)를 직접 설계하는 것과 같습니다.

자체 칩 개발은 인텔과 엔비디아에 치우친 의존도를 낮출 수 있다는 장점도 있습니다. 최근에는 엔비디아와 구글이 자체 CPU를 개발하거나 인텔이 GPU를 선보이는 등 서로 간의 경계도 모호해지는 모양새입니다. 예전처럼 누구 한 명이 독식할 수 있는 시대가 지난 겁니다.

"대신 만들어드립니다" 파운드리 시장이 커지는 이유

결과적으로 이는 파운드리 시장의 확대를 이끌었습니다. 빅테크 기업들이 반도체 생산 공장까지 운영할 수는 없으니까 각자가 설계한 반도체를 제품으로 대신 만들어줄 위탁생산 업체가 필요해진 겁니다.

시장조사업체 옴디아(omdia)에 따르면 전 세계 파운드리 시장 성장률은 2023년부터 2027년까지 연평균 18.1%로 예상됩니다. TSMC와 삼성전자가 양산 가능한 5나노 이하 최첨단 공정 비율은 점차 높아질 전망입니다. 5나노 이하 공정 매출은 2023년 전체 파운드리 시장의 25.6%였으나 2027년에는 44.5%까지 오를 것으로 예측됩니다. 삼성전자가 2022년 세계 최초로 양산에 성공한 3나노 기술의 매출 비중도 2023년 3.7%에서 2027년 26.1%로 늘어나 연평균 매출 성장률이 92.3%에 이를 것으로 분석됩니다.

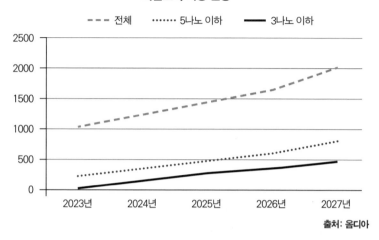

파운드리 시장 전망

- - - 전체　　‧‧‧‧‧‧ 5나노 이하　　— 3나노 이하

출처: 옴디아

　파운드리는 성장세가 매우 높은 시장입니다. 문제는 오랜 기간 파운드리 산업을 TSMC가 거의 독점하다시피 했다는 겁니다. 파운드리 파트너가 필요해진 빅테크들은 TSMC로 달려가 '우리 칩 좀 만들어달라'고 부탁했습니다. 그만큼 TSMC 의존도가 큽니다. TSMC는 2023년 파운드리 시장의 60%를 차지하며 영향력을 굳히고 있습니다.

'TSMC 타도'를 위한
삼성·인텔의 도전

굳건한 TSMC의 아성에 삼성전자가 도전장을 냈습니다. 삼성전자는 2017년 5월, 본격적으로 파운드리 사업에 뛰어들겠다고 선언했습니다. 당시 내부에서는 여러가지 이유로 D램·낸드플래시 등 메모리반도체에 대한 의존도를 낮춰야 한다는 지적이 나오고 있었습니다. 이에 따라 시스템LSI 사업부 산하 팀이었던 파운드리를 사업부로 승격해 독립시켰습니다.

시장조사업체 트렌드포스에 따르면, 2017년 말 삼성전자의 파운드리 시장 점유율은 6.7%가량으로 업계 4위였습니다. 삼성은 파운드리사업부 독립 직후 화성캠퍼스에 극자외선(EUV) 전용라인을 착공했습니다. 2018년 7나노 공정 제품을 개발하고, 2019년 5나노 공

시스템반도체 2030 비전 선포식(2019년 4월)

출처: 삼성전자

정 기술 개발 등의 성과를 이루며 차근차근 실력을 쌓았습니다. 그 결과 당시 업계 2, 3위를 다투던 대만 UMC와 미국의 글로벌파운드리를 모두 제치고 단숨에 업계 2위로 올라서는 데 성공했습니다.

확실한 2위가 된 삼성전자는 2019년 '시스템반도체 비전'을 발표하며 2030년 1위 자리에 오르겠다고 선언했습니다. 사실상 TSMC에 대한 선전포고를 한 겁니다.

"메모리에 이어 파운드리를 포함한 시스템반도체 분야에서도 확실한 1등을 하도록 하겠습니다. 굳은 의지와 열정, 끈기를 갖고 꼭 해내겠습니다."

당시 이재용 회장(당시 부회장)의 발언에서 굳건한 의지가 보입니

삼성전자의 파운드리 생산 라인 현황

캠퍼스	라인명	스펙
기흥	6라인	8인치
	S1	12인치
화성	S3	EUV라인(V1)
	S4	이미지센서 전용라인
평택	S5(2공장)	EUV라인(V2)
미국 오스틴	S2	12인치

출처: 업계 취합

다. 이를 위해 삼성은 2030년까지 133조원을 투자하겠다고 했습니다. 연구개발(R&D) 분야에 73조원, 생산 인프라 구축에 60조원을 쏟는다는 겁니다. 2024년 초 기준 삼성전자 파운드리 생산라인은 기흥 팹 2개, 화성 팹 3개, 오스틴 팹 1개, 평택 팹 1개로 총 7개입니다. 경기도 평택에 짓고 있는 신규 라인에도 파운드리가 포함되어 있고, 미국 텍사스주 테일러시에도 신규 파운드리 공장을 짓고 있어 앞으로 규모는 더욱 늘어날 전망입니다.

2024년 기준 5나노 이하 초미세 공정 양산이 가능한 기업은 전 세계에 TSMC와 삼성전자, 인텔뿐입니다. 대만 UMC나 글로벌파운드리는 28나노 이상의 구형 레거시 공정에 집중하고 있기 때문에 향후 기술 격차는 더욱 벌어질 전망입니다.

통상 레거시 파운드리 공정은 2011년 양산을 시작한 28나노 이상의 공정을 의미합니다. 모바일 AP나 AI 반도체에 필요한 공정은 5나노 이하인 반면, 우리가 흔히 쓰는 가전에 들어가는 범용 반도체의 경우 레거시 공정으로 생산되는 경우가 많습니다. TV에 탑재되는 디스플레이구동칩(DDI)부터 자동차에 들어가는 전력관리반도체(PMIC), 미사일, 사물인터넷(IoT) 등에 이르기까지 매우 광범위하게 사용됩니다. 초미세 공정 반도체보다 기술적 난이도가 낮고 저가이지만 우리 일상에서 훨씬 많이 접할 수 있습니다. 실제로 레거시 공정 반도체는 전체 시장에서 70%가량을 차지합니다.

TSMC, 삼성전자, 인텔 등 주요 파운드리 회사 세 곳이 초미세 공정 시장에서 격전을 펼치는 사이에 중국 파운드리 업체들은 구형 레거시 시장에서 두각을 나타내고 있습니다. 트렌드포스에 따르면, 중국의 레거시 반도체 시장 점유율은 2023년 29%에서 2027년 33%로 늘어날 전망입니다.

파운드리 업력, TSMC 37년 vs. 삼성전자 8년

수십 년간 다져진 TSMC 중심의 파운드리 생태계를 깨기는 쉽지 않습니다. TSMC와 삼성전자의 업력 차이부터가 상당합니다.

TSMC는 1987년 모리스 창이 설립했습니다. 모리스 창은 대만계 미국인입니다. 그는 미국에서 MIT를 졸업한 뒤 텍사스 인스트루먼트, 제너럴 인스트루먼트 등을 거친 반도체 전문가입니다. 은퇴를 선언하고 대만으로 돌아온 그는 55세의 나이에 TSMC를 창업했습니다. 이후 30년 동안 TSMC는 정부 지원에 힘입어 글로벌 반도체 시장에서 엄청난 영향력을 지닌 대기업으로 성장했습니다.

반면 삼성전자의 파운드리 사업은 2024년 기준으로 8년차에 불과합니다. TSMC의 '37년' 역사에 비해서는 신생기업이나 마찬가지입니다. 삼성전자의 뿌리는 메모리이기 때문에 고객사 맞춤형 수주 사업인 파운드리에 적합하게 조직 구조 및 마인드를 바꾸는 데 다소 시간이 걸렸습니다.

삼성전자와 TSMC의 파운드리 시장 점유율(매출 기준) 격차는 좀처럼 줄어들고 있지 않습니다. 2019년보다 격차가 오히려 늘어났습니다. 트렌드포스에 따르면, 2024년 1분기 TSMC의 파운드리 시장 점유율은 61.7%, 삼성전자는 11%였습니다. 무려 50%p 넘게 차이가 납니다. 2019년 1분기에는 TSMC가 49%, 삼성전자가 19%를 차지하며 약 30%p 차이가 났습니다.

파운드리는 메모리반도체와 다르게 수주형 사업이기 때문에 고객

2024년 1분기 파운드리 시장 매출 및 점유율 추정치

	매출액	점유율
TSMC	188억 4천700만달러	61.7%
삼성전자	33억 5천700만달러	11%

출처: 트렌드포스

더욱 강화된 파운드리 경쟁력

사와의 신뢰관계 및 파트너십이 매우 중요합니다. TSMC의 원칙은 '고객사와는 경쟁하지 않는다'입니다. 기밀과도 같은 반도체 설계 기술을 받아 위탁생산하는 과정에서 TSMC는 보안과 신뢰를 최우선으로 여깁니다. 오직 파운드리에만 집중함으로써 고객사들의 우려를 불식시키는 겁니다.

반면 삼성전자는 종합반도체 기업(IDM)입니다. 파운드리 사업부가 독립되어 있긴 하지만 바로 옆 사업부인 시스템LSI에서 자체 모바일 AP 엑시노스를 포함해 차량용 반도체, 이미지센서 등 다양한 칩을 설계하고 있습니다. 그러다 보니 퀄컴, 엔비디아, 구글 등과 같은 팹리스 고객사 입장에서는 자신의 경쟁사에 위탁생산을 맡기는 것이 찜찜하지 않을 수 없습니다.

'규모의 경제'로 고객사 확보 속도도 차이가 큽니다. TSMC는 37년 동안 전 세계의 크고 작은 팹리스 업체들과 파트너십을 맺어왔습니다. 대형 고객사에만 집중하는 것이 아니라 신생 스타트업, 중소 팹리스 업체들의 주문도 소홀히 하지 않고 챙겨왔습니다. 그래서 팹리스 입장에서는 자신들의 샘플 칩을 만들어주고 맞춤 제작을 해준 TSMC가 고마울 수밖에 없습니다. 이렇게 오랜 기간 TSMC의 파운드리 생태계에서 성장해온 팹리스는 장기 단골 고객이 됩니다. TSMC를 떠날 수도 없고, 떠날 이유도 없는 것입니다.

아직 파운드리 업력이 짧은 삼성전자는 수익성 확보 및 점유율 확대를 위해 대형 고객사에 집중할 수밖에 없습니다. 잠재적 고객을 키울 겨를이 없는 겁니다. 이는 국내 팹리스 생태계 확산을 더디게 하는 결과를 가져오고, 결국 삼성에게 주문을 맡길 국내 주요 팹리스 고객이 없으니 삼성의 수주도 감소하는 악순환으로 이어지고 있습니다.

파운드리 격변기, '원조 강자'도 출사표

안 그래도 격변기를 맞이하고 있는 파운드리 시장인데, 또 다른 변수도 생겼습니다. 삼성전자와 TSMC만의 싸움이던 시장에 인텔이 참전한 겁니다.

인텔은 '원조 반도체 강자'라고 할 수 있습니다. 1968년 설립된 인텔은 무어의 법칙을 만든 화학자 고든 무어와 물리학자이자 집적회로의 공동 발명가인 로버트 노이스가 창립했습니다. 50년이 넘는 시간 동안 인텔은 CPU뿐 아니라 메모리반도체 등 다양한 주요 반도체의 업계 표준을 만들었습니다. 그러나 PC 시장이 쇠락하고 스마트폰이 부상하는 타이밍에 인텔은 모바일 AP로의 전환에 실패하고 말았습니다. 결과적으로 퀄컴, 삼성, 애플 등에 모바일 AP 시장 주도권을 내줘야 했고, PC 시장 위축과 함께 CPU 리더십도 AMD의 위협을 받으면서 예전의 명성을 잃었습니다.

위기의 인텔이 마련한 돌파구가 파운드리라고 볼 수 있습니다. 인텔은 2021년 파운드리 시장 '재진출'을 선언했는데, 재진출이라고 표현한 이유는 파운드리 시장 도전이 두 번째이기 때문입니다. 인텔은 앞서 2016년 파운드리 시장에 진출했다가 2년 만에 철수한 적이 있습니다.

하지만 이번에는 조금 달랐습니다. 인텔은 2024년 초 아예 팹리스와 파운드리 사업부를 회계적으로 분리하고 외부 수주 고객 확보에 적극적으로 나서겠다고 발표했습니다. 이전까지는 주로 인텔 CPU 제품 등 내부 물량만 생산해왔지만 앞으로는 외부 매출 비중을 크게 늘리겠다는 겁니다.

그러나 천문학적 투자 금액이 들어가는 파운드리 사업의 벽을 넘기란 쉽지 않아 보입니다. 야심찬 계획을 발표한 지 약 1년도 채 되지 않아, 인텔은 결국 '파운드리 사업 분사'라는 결정을 하게 됩니다. 초미세 공정 기술력에서 TSMC나 삼성전자를 따라잡기 위해 수조 원의 투자를 쏟아붓다 보니 적자 규모가 걷잡을 수 없이 커졌습니다.

인텔은 파운드리 사업에서 2021년 51억달러, 2022년 52억달러, 2023년 70억달러의 영업손실을 기록했습니다. 2024년 상반기 누적 적자만 53억달러에 달합니다. 최근 2년간 파운드리에 250억달러, 한화로 무려 33조원 이상을 투자했는데 별다른 실적을 내지 못하다 보니 수익성이 계속 악화되고 있는 것입니다.

다만 인텔은 2024년 10월 기준으로는 파운드리 사업을 포기하지 않겠다는 의사를 분명히 하고 있습니다. 앞서 발표한 파운드리

1.8나노 공정 웨이퍼를 공개하는 팻 겔싱어 인텔 CEO

출처: 인텔

로드맵도 차질없이 진행하겠다는 방침입니다. 내년부터 1.8나노급 'Intel18A' 제품을 양산할 계획인데, 이를 위해 ASML의 최첨단 EUV 노광 장비 '하이 뉴메리컬어퍼처(NA)'도 제일 처음 사들였습니다. 2나노 이하 공정 기반의 파운드리를 위해서는 꼭 필요한 핵심 장비로 평가되는데, 인텔은 이를 적극적으로 활용하겠다는 겁니다.

1.8나노급 공정의 주요 고객사로 이미 아마존웹서비스(AWS)를 확보했다고도 밝혔습니다. 양사는 AI 컴퓨팅을 위한 맞춤형 반도체에 공동 투자할 예정입니다. AWS도 인텔과의 협력을 통해 자체 AI 반도체를 개발하며 엔비디아에 대한 의존도를 낮춘다는 방침입니다.

인텔이 만약 1.8나노 제품 양산에 성공하면, 이제 파운드리 기술은 나노 시대가 아닌 옹스트롬(Angstrom, Å) 시대로 접어들게 됩니

더욱 강화된 파운드리 경쟁력

다. 나노가 성인 머리카락의 약 10만분의 1 굵기라면, 옹스트롬은 0.1나노를 뜻합니다. 이제 0.1나노를 줄이는 데 모든 파운드리 업체들이 총력을 가하게 되는 '초초미세 공정' 경쟁이 펼쳐지고 있는 겁니다.

"해본 적은 없지만…" 미국을 등에 업은 인텔

일각에서는 인텔의 기술력에 대해 의심을 품기도 합니다. 오랫동안 초미세공정 양산을 해오지 않았기 때문에 좀더 시간이 필요할 것이라는 분석입니다. 하지만 인텔이 미국 기업이기 때문에 미국 정부의 지원을 등에 업고 빠르게 영향력을 넓힐 수 있다는 점을 간과해서는 안 된다는 주장도 있습니다.

미국은 자국 반도체 부활을 목표로 글로벌 반도체 기업들의 생산 시설을 유치하는 데 힘쓰고 있습니다. 미국에 본사를 두고 있는 빅테크 기업은 AI 반도체 최강자인 엔비디아부터 구글, 퀄컴 등까지 풍부합니다. 이들이 소위 '아메리칸 동맹'을 이유로 인텔에 일감을 맡기기 시작한다면 TSMC와 삼성에 큰 위협이 될 수 있습니다. 이러한 자신감 때문인지 인텔은 자사 파운드리 사업이 2024년 최대의 적자를 기록한 후 계속 성장해 2027년에는 손익분기점을 넘길 것으로 보고 있습니다.

미국뿐 아니라 반도체 부활을 꿈꾸는 일본의 라피더스(Rapidus)도 파운드리 시장에서 눈여겨볼 만합니다. 라피더스는 2022년 도요타, 키옥시아, 소니, NTT, 소프트뱅크, NEC, 덴쏘, 미쓰비시UFJ은행 등 내로라하는 일본 대기업 여덟 곳이 모여 설립한 반도체 회사입니다. 기업 각각 10억엔씩 출자했고, 일본 정부도 현재까지 라피더스에 9천200억엔가량을 지원했습니다.

일본의 파운드리 기술은 사실상 40나노 공정에 머물러 있습니다. 이는 TSMC의 2000년대 후반 수준과 비슷합니다. 약 20년가량 뒤처져 있는데, 라피더스는 2027년 2나노 양산이 목표라고 밝혔습니다. 어떻게 20여 년의 간극을 5년도 채 안 되어 뛰어넘겠다는 걸까요?

라피더스가 믿는 구석은 바로 미국 IBM과의 협력입니다. 라피더스는 IBM에 엔지니어 수백 명을 파견해 2나노 관련 기술을 습득하고, 차세대 반도체 양산을 위한 협력에 나서고 있습니다. 하지만 전문가들은 라피더스의 성공 가능성을 거의 '미션 임파서블' 수준이라고 보고 있습니다. 수율 개선을 통한 실제 양산 경험과 꾸준한 연구개발, 그리고 이를 이뤄줄 파운드리 관련 인력을 확보하는 것이 필수인데 일본 내에서는 쉽지 않기 때문입니다.

파운드리 공장 '우후죽순', 공급 과잉이 올까?

    파운드리 시장을 둘러싼 각 기업들의 경쟁은 신규 공장 건설로도 이어지고 있습니다. 추후 성장 잠재력이 크다 보니 미래의 수요를 맞추기 위해 앞다퉈 생산 시설을 크게 늘리고 있는 겁니다. 2022~2024년 동안 착공을 시작했거나 건설 계획이 발표된 곳만 해도 손에 꼽기 힘듭니다.

    TSMC는 2022년에만 4개, 2023년에는 3개의 팹을 건설했는데, 2024년에는 7개의 신규 공장을 지을 예정입니다. 본거지인 대만 외에 미국, 일본, 독일을 새로운 생산 거점으로 삼고, 폭발하는 AI 반도체 수요를 따라가기 위해 전력을 다하고 있습니다. TSMC가 이미 대만에서 가동중인 공장만 10개인데, 예정된 신규 공장까지 더하면 무려 20개의 팹이 대만에서 가동될 예정입니다.

    삼성은 한국과 미국, 이렇게 두 곳이 거점입니다. 평택캠퍼스에 신규 파운드리 라인을 건설중이고, 미국 텍사스주 테일러에도 공장을 짓고 있습니다. 애초 계획보다 투자 규모가 2배 이상 늘어난 무려 400억달러를 투자합니다. 테일러 1공장은 2026년 가동, 2공장은 2027년 가동이 목표입니다. 오스틴 파운드리 공장도 확장 및 업그레이드로 더 많은 생산 물량을 담당할 것으로 보입니다. 삼성의 파운드리 생태계 대전환점이 될 용인 클러스터는 2026년 착공 예정인데, 세계 최대의 시스템반도체 기지를 꿈꾸고 있습니다.

TSMC나 삼성의 신규 공장 건설 진행 상황만 봐도 2026년부터 전 세계의 파운드리 공급 물량이 폭발적으로 성장할 것이라는 점을 예상할 수 있습니다. 현재 건설되고 있는 공장들의 상당수가 2026~2027년에 가동을 시작할 텐데, 이 때문에 일각에서는 파운드리 공급이 과잉되는 것 아니냐는 우려도 나옵니다.

파운드리 공급과잉 문제는 공정 성숙도에 따라 달라질 것으로 보입니다. 옴디아에 따르면 2027년에는 5나노 이하 파운드리 공정 매출이 44.5%까지 성장해 전체 시장의 절반가량을 차지할 전망입니다. 5나노 이하 파운드리 시장의 키를 쥐고 있는 것은 '생성형 AI를 포함한 AI 붐 현상이 얼마나 지속되고 확대되느냐'에 달려 있습니다. 엔비디아, AMD, 인텔, 구글, 애플, 마이크로소프트 등 빅테크 기업들이 AI 서버를 구축하는 데 필요로 하는 것이 초미세 공정이기 때문입니다. 최근 엔비디아발(發) 반도체 주식시장이 폭발적으로 성장하면서 TSMC 주식이 수혜를 입는 것도 같은 이유에서입니다.

TSMC는 파운드리 기업이기 때문에 엔비디아는 물론 수많은 고객사를 두고 있습니다. 엔비디아를 비롯해 애플, 퀄컴, 구글 등 빅테크의 개별 상황에 영향을 받을 수밖에 없습니다. 엔비디아발 훈풍으로 고대역폭메모리(HBM) 수혜를 입은 SK하이닉스의 주가가 3배가량 오를 때 TSMC 주가의 상승률은 상대적으로 크지 않았습니다. 애플, 구글 등 다른 고객사의 실적도 TSMC 매출에서 상당 부분을 차지하기 때문에 고려해야 할 변수가 많기 때문입니다. 파운드리 시장의 대장주이지만 아이폰의 흥행이 기대에 미치지 못한다거나 IT 기기 시장 수요가 줄어들면 TSMC 실적도 타격을 입을 수 있습니다.

반도체는 '1천 마리 말이 끄는 수레'와 같은 산업이라고 불립니다. 집적화된 반도체 기술은 1천여 개의 개별적인 기술 고도화가 필요하다는 말입니다. 그만큼 기술개발과 생산시설을 구축하는 데 막대한 비용과 시간이 요구됩니다. 중국, 인도와 같은 거대한 자본과 인력을 가진 후발주자들이 쉽게 반도체 선진국으로 도약하지 못하는 이유도 이 때문입니다. 최근 미국·중국을 비롯해 전 세계에선 반도체를 두고 '총성 없는 전쟁'이 지속되고 있습니다. 세계 1~2위를 다투는 강국들의 치열한 신경전 중심에 있는 것은 금도, 기름도 아닌 '반도체'가 그 주인공입니다. "반도체로 세계 3차대전이 시작되었다"는 말이 실감날 정도입니다.

CHAPTER

4

반도체발
세계 3차대전은
일어날 것인가?

반도체 기업을 불러들인 미국의 속내

눈치싸움이 치열합니다. 대부분의 국가들이 미국 편에 서 있는 모양새이지만 전 세계 반도체의 절반을 소비하는 중국도 무시할 수 없다 보니 셈법은 더욱 복잡해지고 있습니다. 그렇다면 미국이 중국의 반도체를 견제하는 이유는 무엇일까요? 반도체는 나라 곳간을 채울 중요한 먹거리이자 미래 자원입니다. 이 때문에 향후 중국이 글로벌 반도체 시장 전체를 장악하고 방산·첨단 무기 등에도 활용할 수 있다는 우려가 있습니다.

반도체를 두고 미국과 중국의 관계가 얼어붙은 이른바 '신(新)냉전 정국'은 2022년으로 거슬러 올라갑니다. 당시 중국이 '반도체 굴기'를 선포하자 미국은 그해 말 중국을 겨냥해 첨단 반도체 장비 반입 금지 등 수위 높은 여러 가지 제재를 가하기 시작했습니다. 전쟁의 서막이 오른 것입니다.

"메이크 아메리카 그레이트 어게인(Make America Great Again)!"

도널드 트럼프 전 미국 대통령이 지난 2016년 선거 캠페인에서 사용하며 유명해진 슬로건입니다. 미국을 다시 위대하게 만들겠다는 의미가 담겼는데, 이 원대한 포부는 반도체 산업으로도 번졌습니다. 자국에서는 반도체 설계만 진행하고 제조·생산시설은 아시아 지역으로 내보냈던 미국이 이제는 제조시설까지 불러들이며 반도체 시장 전체를 자신들이 관할하겠다는 의도를 내비치고 있습니다.

중국 정조준한 미국, 칩스법 만들었다

2020년 코로나19가 전 세계를 강타하자 반도체 공급망 위기가 터졌습니다. 반도체 없이는 밥솥도, 청소기 하나도 만들 수 없는 시대가 되었음을 전 세계가 인식하게 되었는데, 미국도 예외는 아니었습니다. 그 일환으로 2022년 미국은 중국을 견제함과 동시에 미국 내 반도체 산업을 다시 부흥시키기 위해 '반도체와 과학법(the CHIPS and Science Act)'을 통과시켰습니다. 사실 칩스법은 단순히 중국을 견제하는 수단이 아닌, '중국에 더 이상의 기술 발전을 허락하지 않겠다'

는 일종의 '레드라인'인 셈입니다.

바이든 정부는 칩스법 발표 전인 2021년 3월 국가안보전략서를 공개하고 중국의 부상을 경계하고 있다는 의도를 내비쳤습니다. 이후 2022년 10월 발표된 최종본에서는 "(유일한 경쟁자인) 중국은 (경제·군사적으로 미국의 시스템을 위협할) 힘과 의도를 가지고 있다"며 노골적인 입장을 보였습니다.

주목할 부분은 2022년 9월 당시 제이크 설리번 미국 백악관 국가안보보좌관의 "중국 기술에 대한 상대적 우위를 지키는 것으로는 더 이상 충분하지 않다. 최대한 큰 기술격차를 유지해야 한다"는 발언입니다. 여기서 끝이 아닙니다. 수출통제의 적극적인 활용도 강조했습니다. 설리번은 "기술 수출통제가 단순한 예방도구 이상의 역할을 하고, 이는 미국의 새로운 전략적 자산이 될 것"이라고 했습니다. 이것이 중국의 역량을 크게 위축시킬 수 있다고 본 것입니다.

대중국 반도체 견제 정책 흐름에 따라 탄생한 칩스법을 자세히 뜯어보면, 미국 내 반도체시설 건립 390억달러, 첨단 반도체 연구개발(R&D) 지원 110억달러 등 반도체 산업에만 총 527억달러를 지원한다는 내용입니다. 미국 내 반도체 공장을 짓는 기업에 25% 세액공제로 10년간 240억달러를 지원한다는 내용도 포함합니다.

또한 보조금 수혜 기업이 향후 10년간 중국 공장 등에서 생산능력을 '실질적으로 확장하는 중대한 거래'를 할 경우 보조금을 전액 반환하도록 하는 가드레일 조항을 두었습니다. 이 실질적 확장은 웨

반도체발 세계 3차대전은 일어날 것인가?

이퍼 기준으로 첨단 반도체는 5% 이하, 28나노(nm·10억 분의 1m) 이전 세대의 레거시(구형) 반도체는 10% 미만을 뜻합니다.

이렇게만 보면 '지원규모가 큰 미국에 반도체 공장을 짓는 게 이득'이라고 생각할 수 있습니다. 물론 틀린 말은 아닙니다. 하지만 단순히 동맹국들의 참여로 중국의 반도체 능력을 봉쇄하겠다는 미국의 의도에는 숨은 뜻이 있습니다. 바로 '중국과 거래할 생각을 하지 말라'며 동맹국들에게 일종의 경고를 한 셈입니다. 미국은 중국을 철저히 배제하면서도 이를 이용해 글로벌 기업들이 자국에 제조시설을 알아서 짓게 만들었습니다. 강력한 국력을 바탕으로 일석이조의 효과를 낸 것입니다.

미국 애리조나주에 짓고 있는 TSMC 생산 공장 전경

출처: TSMC 링크드인

미국은 해외 기업의 중국 내 최첨단 반도체 기술 투자도 규제하고 있는데, '더 이상 기술 발전을 허용하지 않겠다'는 미국의 강한 의지가 나타나는 대목입니다. 전문가들은 향후에도 이같은 기조가 계속될 것으로 보고 있습니다.

삼성전자·TSMC, 미국에 공장 신설

현재 반도체 시장은 메모리만큼이나 파운드리(반도체 위탁생산)가 중요하다고 할 수 있습니다. 시장은 파운드리 업계 1위인 대만 TSMC와 2위인 삼성전자가 양분한다고 봐도 무방할 정도입니다.

미국과 중국도 이 시장에 주목하고 있습니다. 특히 미국은 자국 내로 파운드리 공장을 불러들이고 있습니다.

이에 TSMC와 삼성전자는 각각 미국 애리조나주와 텍사스 테일러시에 첨단 생산 기지를 짓고 있습니다. 400억달러 규모의 투자를 집행한 TSMC는 2025년 미국 1공장을 가동해 4나노 반도체 칩을 생산할 것으로 보입니다. 2028년 가동 예정인 2공장에선 3나노와 차세대 나노시트 트랜지스터를 사용한 2나노 반도체를 생산할 것으로 예상됩니다.

삼성이 170억달러를 투자한 테일러 공장은 2026년 가동을 목표로 4나노 이하 첨단 반도체를 생산할 전망입니다. 두 기업은 칩스법으

그렉 애벗 텍사스 주지사(가운데)와 김기남 삼성전자 회장(오른쪽)의 기자회견 모습

2021년 11월 삼성전자가 미국 내 신규 파운드리 반도체 생산라인 건설 부지로 텍사스주 테일러시를
최종 선정했다고 발표했다.   출처: 삼성전자

로 각각 66억달러, 64억달러의 보조금을 미국에서 지원받았습니다.

삼성은 예상보다 큰 미국 정부의 반도체 보조금 규모에 화답해 미
국에 반도체 공장, 첨단 패키징 시설, R&D 센터 등을 구축할 계획입
니다. 2030년까지 미국에 450억달러를 투자한다는 복안입니다.

한편 SK하이닉스도 미국 첫 반도체 공장 부지로 인디애나주를 낙
점하고 이곳에 38억 7천만달러를 투자해 인공지능(AI) 메모리용 어
드밴스드 패키징 생산공장을 짓기로 했습니다. 오는 2028년 가동을
목표로 합니다. 미국 정부는 SK하이닉스에 보조금 4억 5천만달러
등을 지원하기로 했습니다.

"반도체는 곧 국가 안보" 대만의 고민

TSMC의 고민은 상대적으로 더 깊습니다. 중국이 호시탐탐 대만을 노리고 있는 상황에서 반도체가 곧 국가 안보로 직결되기 때문입니다. 그래서 TSMC는 미국, 일본 등에 대규모 투자를 하면서도 정작 최첨단 공정과 최신 생산시설은 본토(대만)에 두려고 합니다. '실리콘 방패' 유지를 위해서입니다.

'실리콘 방패'란, 전 세계 반도체 시장에서 대만이 가지고 있는 영향력 때문에 중국이 대만을 침공하지 않을 것이라는 주장입니다. 첨단 반도체 기술력의 중심을 본토에 둬야 미국이 중국의 침공으로부터 대만을 지켜줄 것이라는 계산이 들어간 겁니다.

때문에 일각에선 TSMC가 반도체 안보를 이유로 미국 내의 신규 공장 건설을 고의로 늦추고 있다는 의혹도 제기했습니다. 현지 인력 부족, 행정, 경영 등이 주요 원인으로 부각되었지만 실은 반도체 안보를 지키기 위해서라는 겁니다.

미국 외교전문지 〈포린 폴리시(Foreign Policy)〉는 "대만은 자국의 첨단 기술을 해외로 이전하는 것을 주저한다"며 "애리조나 공장이 본격적으로 가동할 때가 오면 대만에선 더 첨단의 제품을 만들고 있을 수 있다"고 내다봤습니다. 실제로 미국 칩스법이 통과했을 당시 왕 메이화 대만 경제부 장관은 "(TSMC의 미국 투자에도) 반도체에서 대만의 핵심 위치는 흔들리지 않을 것"이라고 장담하기도 했습니다.

2024년 5월 반중 성향의 라이칭더 대만 신임 총통이 취임하면서 중국·대만 간의 긴장이 다시 깊어지는 모습입니다. TSMC가 자신들의 최첨단 반도체 기술은 지키면서도 중국의 위협을 견제하기 위한 미국과의 동상이몽은 앞으로도 지속할 전망입니다.

미국 정부를 등에 업은 미 반도체기업의 도전

미국의 노골적인 자국 기업 챙기기도 눈에 띄는 대목입니다. 인텔은 향후 5년간 애리조나·뉴멕시코·오하이오·오리건주 등에 1천억달러 이상을 투입하고, 1나노대 초미세 공정이 가능한 팹(생산시설)과 최첨단 패키징 라인까지 갖출 계획입니다. '아메리카 퍼스트(미국 우선주의)'를 등에 업은 인텔이 85억달러의 직접 보조금을 포함한 195억달러의 지원을 받게 되었는데, 이는 미국 칩스법 수혜 기업 중 최대 규모입니다.

삼성전자, SK하이닉스와 함께 메모리 빅3인 미국 마이크론 역시 미국 정부의 후방 지원을 받고 있습니다. 2024년 미국 정부로부터 61억달러의 보조금을 받게 되었는데, 이는 TSMC, 삼성전자의 뒤를 잇는 규모입니다. 마이크론은 최첨단 메모리 제조 생태계 구축을 목적으로 향후 20년간 2개의 주(뉴욕·아이다호)에 최대 1천250억달러

공사가 진행중인 인텔 미국 오하이오 공장 전경

출처: 인텔 뉴스룸

를 투자할 예정입니다.

이뿐 아니라 마이크론 밀어주기는 고대역폭메모리(HBM)에서도 나타나고 있습니다. HBM 후발주자인 마이크론은 2024년 2월에 갑작스레 24GB(기가바이트) 용량의 8H(8단 적층) HBM3E의 대량 양산을 시작했다고 발표했습니다. 그러면서 "2024년 2분기 출하를 시작하는 엔비디아 GPU(H200)에 탑재될 예정"이라고 자신감을 나타냈습니다.

SK하이닉스는 엔비디아에 HBM을 사실상 독점 공급하고 있습니다. 그런데 이런 독점 공급체계를 뚫고 마이크론이 엔비디아에 납품하게 된 건, 미국 정부의 입김이 작용한 결과로 풀이됩니다.

'반도체 강국' 명성을 노리는
일본과 유럽

치열한 반도체 패권 경쟁에서 발톱을 숨기고 있는 국가도 있습니다.
바로 일본입니다.

1980년대 일본은 전 세계 반도체 시장을 주름잡을 정도로 명성이
높았습니다. 한국은 넘볼 수도 없는 수준이었습니다. 하지만 현재의
분위기는 판이합니다. 한국, 대만에 밀려 옛 반도체 강국의 명성은
사라진 지 오래입니다. 다만 반도체 소·부·장(소재·부품·장비) 부분에
서는 아직도 경쟁력이 있다는 평가입니다.

현재 일본은 옛 명성을 되찾기 위해 정부와 민간이 협력해 고
군분투하고 있습니다. 그 일환으로 일본 정부 주도로 '라피더스
(Rapidus)'가 출범했습니다. 라틴어로 '빠르다'라는 뜻이 있는데, 그

일본 구마모토현 소재 JASM 공장 전경

출처: TSMC 링크드인

만큼 일본의 반도체 부활 의지가 강하게 담겨 있습니다. 라피더스는 미국 실리콘밸리 산타클라라에 거점을 두고 본격적인 영업에 나섰습니다.

미국 반도체 업계와의 협력도 끈끈합니다. 라피더스는 인력 100명가량을 미국 동부 뉴욕주에 있는 IBM 연구소에 파견해 최첨단 2나노 반도체 양산을 위한 기술개발에 나선 것으로 전해졌습니다.

일본 라피더스가 실제 고객사를 얼마나 확보할 수 있을지, 2나노 제품 양산이 가능할지에 대해선 업계의 의견이 분분합니다. 과거의 영광을 재현하려는 일본의 움직임은 경쟁사들을 긴장시키기에 충분해 보입니다.

'보조금 선물' 뿌리는 일본

TSMC와 일본의 관계는 과거부터 돈독했습니다. TSMC의 주요 고객사로는 소니 등 일본의 굵직한 기업들이 있습니다.

TSMC는 일본 진출에 더욱 속도를 내고 있습니다. TSMC가 일본 기업인 소니, 덴소, 토요타와 합작한 법인인 'JASM'은 일본 구마모토현에 1공장을 세웠습니다. 2024년 2월 말에 문을 연 JASM 공장에서 TSMC는 12~28나노의 반도체 칩을 생산합니다. 카메라 센서와 가전제품, 자동차용 로직 칩 등의 제품이 이 공장에서 출하될 예정입니다.

TSMC는 1공장 주변에 추가로 2공장을 짓겠다는 계획도 밝혔습

2024년 2월 TSMC 일본 구마모토 공장 개소식

출처: TSMC

니다. 2027년 가동을 목표로 6~12나노 수준의 반도체를 만들 것으로 예상됩니다. 특히 이곳은 SDV(소프트웨어 중심 차)와 자율주행용 반도체를 생산할 것으로 보입니다. 주요 고객으로는 토요타와 토요타 부품사인 덴소가 꼽힙니다.

이미 일본 정부는 TSMC 1공장에 4천760억엔을 지원했는데, 이는 투자비 절반에 달하는 규모입니다. 2공장에도 7천320억엔의 보조금을 지급할 것으로 보입니다.

삼성도 일본에 투자를 진행하고 있습니다. 삼성전자는 일본 요코하마에 '어드밴스드 패키지랩(APL)'을 2025년 착공할 예정입니다. 투자 규모는 2028년까지 400억엔으로 그중 일본 정부가 절반인 200억엔을 보조합니다.

"유럽 점유율 20%까지" EU반도체법 띄워

반도체 띄우기는 유럽도 예외는 아닙니다. 2022년 EU 집행위원회는 앞으로 8년간 반도체 지원을 위한 430억달러의 실탄을 마련하기로 했습니다. 전 세계 반도체 시장에서 유럽 국가들의 점유율을 20%까지 끌어올린다는 'EU반도체법(EU Chips Act)'을 통과시켰습니다.

인텔이 독일 마그데부르크 지역에 계획한 360억달러 규모의 공장에 EU는 3분의 1(110억달러) 수준의 보조금을 책정했습니다.

아일랜드에 건설중인 인텔의 제조공장 '팹34' 전경

출처: 인텔

   TSMC는 독일 드레스덴에도 2024년 8월 유럽 첫 생산공장 착공에 돌입했습니다. 2027년 말 본격적인 생산을 시작해 2029년 전면 가동 시 연간 48만 개의 실리콘 웨이퍼를 제조할 것으로 예상됩니다. 건설이 결정되면 TSMC에는 '첫 번째 유럽 생산기지'라는 의미가 있습니다.

강력한 제재에도 꺾이지 않는 '오뚝이' 중국

미국의 강력한 제재에도 중국은 쉽게 꺾이지 않는 모습입니다. 세계 최대 반도체 소비국인 만큼 자체 기술개발에 나서며 '반도체 굴기'를 이어가고 있습니다. 광활한 반도체 내수시장을 등에 업고 미국과의 패권 경쟁의 승기를 잡겠다는 의지를 내비치고 있습니다.

중국 정부는 4차 산업혁명 시대의 핵심 부품인 반도체 자립 없이는 미중 패권전쟁에서 승리할 수 없다고 판단했습니다. 2015년 '중국 제조 2025'라는 산업전략을 발표한 배경입니다. 이 계획에 따라 중국은 자국 반도체 기업에 천문학적인 자금을 투자하고, 최대 10년간 소득세를 면제하는 등 세계 최고 수준의 지원을 시작했습니다.

중국의 반도체 굴기는 이때부터 본격화되었습니다. 2010년 이전까지 중국은 글로벌 반도체 대기업의 원가 절감을 위한 생산기지 역할을 했습니다. 그러나 이후에는 반도체 제조국으로 자리매김하기 위해 애쓰기 시작한 겁니다. 이 반도체 굴기는 중국 내 반도체 자급률을 높이는 것이 핵심입니다. 최근 5년간 중국의 누적 투자 규모(민간+정부)는 1천300억달러에 달하는 것으로 집계되기도 했습니다.

투자 규모도 커지고 있습니다. 미국 반도체 산업협회에 따르면 중국은 자국 반도체 지원에 1천420억달러 이상을 지출할 것으로 추정됩니다.

기술 방패 뚫었다, 중국의 7나노 성공

'자의반 타의반'으로 반도체 자급자족을 추진하던 중국이 전 세계를 깜짝 놀라게 한 일이 2023년 9월 벌어졌습니다. 세계 파운드리 시장 5위인 SMIC가 두 번째 '7나노 공정' 반도체 칩 개발에 성공한 것으로 알려지면서 업계가 혼란에 빠진 것입니다. 미국 역시 당황했습니다.

앞서 트럼프 정부는 2019~2020년에 세계 최대 네트워크 공급 업체이자 중국의 IT 기업인 화웨이에 이어 중국 1위 파운드리 기업인 SMIC까지 강력하게 제재하며 성장의 싹을 자르고자 했습니다. 그런데 이들이 이를 갈고 나타난 겁니다.

화웨이의 메이트60 프로

출처: 화웨이

반도체 분석기관 테크인사이츠(Tech Insights)에 따르면 화웨이의 신형 스마트폰 메이트60 프로에는 SMIC 7나노 공정에서 제조된 애플리케이션프로세서(AP) '기린9000s'가 탑재된 것으로 알려졌습니다. 이 제품은 2018년 출시된 애플의 아이폰 칩과 동급입니다.

업계는 SMIC가 심자외선(DUV) 장비를 활용해 7나노 공정을 구현했을 것이라고 보고 있습니다. 미국이 지난 2019년부터 더 첨단인 극자외선(EUV) 장비를 제재했기 때문입니다. 중국 언론들은 미국의 제재에도 최신 제품을 생산했다는 점에서 중국의 '반도체 굴기'가 확고하다며 화웨이 띄우기에 나섰습니다.

다만 공정 수율은 크게 떨어질 수 있어 글로벌 판매용이 아닌 기술과시용이라는 지적도 나왔습니다. DUV로 7나노를 구현하는 건 비용 면에서 굉장히 비효율적이기 때문입니다.

이 사건으로 미국의 대(對) 중국 제재는 더욱 강력해질 겁니다. 첨단 장비만 제재해선 효과가 없다는 게 드러났기에, 제재범위를 구형 공정까지 넓힐 것이란 전망입니다. 당시 미국 정부 측은 "(SMIC가) 미국의 제재를 위반한 것이 확실해 보인다"며 "중국이 저사양 반도체 시장을 독점하기 위해 노력중이며 첨단 반도체뿐 아니라 구형 반도체에 대한 규제도 살펴봐야 한다"고 말했습니다.

미국의 쉴 새 없는 공세에도 중국은 그럭저럭 버티는 것처럼 보입니다. AI 시대가 도래함에 따라 HBM을 2년 내에 직접 만들겠다는 목표도 세웠습니다. 화웨이 등 중국 반도체 업체들이 컨소시엄을 조성해 자체 AI 칩에 중국산 HBM을 쓴다는 것입니다.

업계에서는 한국과 미국의 HBM과 비교하면 최소 2세대 이상

중국발전고위급포럼에 참석한 곽노정 SK하이닉스 사장

곽노정 SK하이닉스 대표이사 사장이 2024년 3월 중국 베이징에서 열린 '중국발전고위급포럼'에서 왕원타오 중국 상무장관을 만나, 한중 반도체 산업 공급망 협력에 대해 의견을 교환했다. 왕 상무장관은 "SK하이닉스가 계속해서 중국 투자를 늘리고 중국에 깊게 뿌리 내리길 희망한다"고 밝혔다.
출처: 중국 상무부

의 차이가 날 것으로 보고 있습니다. 국내 기업들은 6세대 제품인 HBM4의 양산 계획도 세운 반면, 중국은 HBM2(2세대) 정도에 와 있는 것으로 관측됩니다. 중국 측이 삼성전자, SK하이닉스 등 한국 기업과의 협력 관계를 내세우는 것도 위기를 타개하기 위한 전략 중 하나라는 분석입니다.

미-중 패권경쟁 계속? 공급망 타격 없나?

당분간 미국과 중국의 반도체 패권 경쟁은 멈추지 않고 지속될 전망입니다. 다만 수십 년간 이러한 상황이 지속될지는 장담할 수 없습니다. 전 세계의 반도체 산업이 철저히 분업되어 있기 때문에 밸류체인에 문제가 생기게 되면 반도체 수급 체계에 적신호가 켜질 수 있습니다. 상황이 장기화할수록 중국과 미국이 감내해야 할 비용과 손해도 큽니다.

중국이 반도체 공급망에서 차지하는 비중이 상당히 높습니다. 또한 한국, 대만, 일본, 유럽 등 주요국 입장에서도 중국을 포기하기란 쉽지 않다는 시각도 지배적입니다.

AI 붐의 최대 수혜 기업인 엔비디아의 젠슨 황 CEO도 중국과 미국이 영원히 패권 경쟁을 할 수는 없다고 봅니다. 젠슨 황은 2023년 이 문제에 대해 직접 목소리를 낸 바 있습니다. 〈뉴욕타임스〉 주최로 열린 딜북 컨퍼런스에 참석해 "미국의 반도체 공급망이 중국에서 독립하려면 10~20년은 걸릴 것"이라고 말했습니다. 반도체 분야에서 미국과 중국이 서로 떼려야 뗄 수 없는 관계라는 겁니다.

엔비디아는 미국의 수출통제로 A100, H100 등 GPU제품을 중국에 수출하지 못하고 있습니다. 중국은 엔비디아의 매출 중 약 20%로, 적지 않은 비중을 차지하고 있습니다. 미중 패권 경쟁으로 엔비디아 역시 타격을 입을 수밖에 없는 상황입니다.

동시에 중국도 엔비디아가 필요합니다. 중국은 미국의 대중 제재에 대응하기 위해 AI 칩 생산에 전력을 다하고 있지만 아직 엔비디아의 기술력을 따라잡기에는 격차가 큽니다.

실제로 중국은 엔비디아의 눈치를 상당히 보고 있는 모습입니다. 젠슨 황 CEO는 2024년 6월 대만 최대 IT박람회인 '컴퓨텍스 2024' 기조연설에서 대만과 중국을 다른 색으로 표시한 세계지도를 띄웠습니다. 중국이 '하나의 중국'을 주장하며 대만을 한 지방정부로 생각한다는 점을 고려하면, 대만을 '국가'라고 지칭한 젠슨 황의 발표는 중국의 심기를 제대로 건드렸습니다.

그럼에도 중국 언론들은 의도적으로 해당 발언을 지우며 침묵하는 움직임을 보였습니다. 엔비디아의 영향력이 그만큼 막강하기 때문이라는 분석입니다.

'샌드위치' 신세인
한국 반도체가 살 길은?

이미 글로벌 반도체 패권을 차지하기 위한 레이스가 무르익는 가운데 한국 역시 가만히 있을 수 없는 상황입니다.

최근 한국 정부의 반도체 산업 육성 정책은 파격적이라는 평가를 받습니다. 그러나 여전히 대한민국 반도체 위기론은 사라지지 않고 있습니다. 상대적으로 경쟁국 지원에 비해 열악하기 때문입니다.

경쟁국들은 노골적인 보조금 정책과 함께 세금 지원, 각종 특혜 등 반도체 제조시설 유치에 국가 역량을 총동원하고 있습니다. 국내 반도체 업계에서는 한국이 다른 나라에 비해 특화단지 인프라 조성 지원, 세제 지원, 이공계 인력 공급 부족으로 투자 메리트가 적다고 판단합니다.

용인 반도체 클러스터 조감도

출처: 경기도 용인시

대표적인 게 반도체 특화단지 지원책 부족입니다. 정부는 반도체 특별법에 따라 2023년 첨단산업 특화단지를 지정했습니다. 특히 용인에 세계 최대 규모의 반도체 제조시설을 구축시키겠다며 710만 m^2(약 215만 평)의 부지에 첨단 반도체 팹 5개를 구축하려는 계획을 세웠습니다. 기존에 있던 기흥·화성·평택·이천 반도체 생산단지와 소부장·팹리스 기업이 밀집한 판교를 연계해 세계 최대 '반도체 메가 클러스터'를 완성하겠다는 계획입니다. 문제는 클러스터 설립에 난항을 겪고 있는 점입니다.

삼성전자와 SK하이닉스가 추산한 용인과 평택 반도체 특화단지 인프라 구축 비용은 총 약 8조 4천억원, 매년 약 1조원이 필요합니다. 그러나 정부가 편성한 해당 특화단지 인프라 구축 예산은 부족합니다. 반도체 공장 인프라 구축비용 전액을 국가 또는 지자체가 부담하는 미국이나 중국에 경쟁이 되질 않습니다. 또한 국가나 지자체가 직접 특화단지를 조성하지 않으니 관련 인·허가나 토지 보상 문제 등을 온전히 기업이 책임지게 되면서 적기에 착공할 수 없습니다.

보조금과 세제지원 부족도 문제입니다. 반도체 기업의 시설투자에 대해 2023년 기준으로 미국은 70조원, 일본은 22조원, 유럽은 14조원 이상을 직접 보조금으로 지급하겠다고 발표했습니다. 그러나 한국은 직접 보조금을 주지는 않습니다. 높은 법인세율과 최저한세로 다른 국가보다 실질적인 세금부담율은 높습니다. 국내 반도체 기업이 연이어 해외 투자를 발표하는 것도 이런 비우호적인 투자 환경 때문이라는 것이 업계의 공통적인 의견입니다.

반도체 인력 부족, '코리아 엑소더스' 우려

인력 부족도 풀어야 할 숙제입니다. 한국은 고졸부터 석·박사 급까지 매년 약 1천500명의 반도체 인력이 부족합니다. 반도체 분야의 인력 부족 심화는 1997년 외환위기 이후 정부의 이공계 홀대 기조와 반도체 연구 개발 지원 외면의 결과입니다.

결국 'K-칩스법'에서도 정치권의 반대로 반도체 학과 정원 확대, 기업 협력 실무교육제, 반도체 R&D 인력 근무시간 탄력 적용 등이 제외되었습니다. 앞으로 세계 최대 규모의 반도체 클러스터가 지어진다 해도 폭발적인 반도체 인력 수요를 감당하기 어렵다는 지적이 나옵니다.

이런 이유로 반도체 패권을 지키기 위한 추가적인 반도체 산업 지원책이 마련되지 않으면 국내 반도체 기업들의 '코리아 엑소더스' 우려가 큽니다. 반도체 산업은 1980년대 정부의 전폭적인 지원에 힘입어 뿌리를 내렸지만 지난 20년간 대기업·수도권 특혜론에 막혀 지원이 충분치 않았습니다.

컬럼비아대학교의 스티브 블랭크 교수는 "21세기에 반도체는 지난 세기의 석유와 같다. 반도체 생산을 통제할 수 있는 나라가 다른 나라의 경제·군사력을 좌우할 것이다"라고 말합니다. 첨단 반도체 기술력이 곧 국가의 운명을 결정짓는 가늠자 역할을 할 것이 명백합니다. 경쟁국의 반도체 산업 육성 군비경쟁이 세계대전을 방불케 하는 현실입니다.

한국은 메모리반도체 패권과 초정밀 반도체 제조 기술을 가지고 있습니다. 그럼에도 한국 반도체 위기론이 불거지는 이유는, 국제 경쟁 환경이 치열하기 때문입니다. 정부의 역할이 어느 때보다 중요합니다. 하지만 지원 규모나 속도 등 다양한 측면에서 경쟁국보다 지원이 부족하다는 평가가 지배적입니다.

한국 반도체가 나아가야 할 길은 뭘까요? 메모리반도체 산업의 지배력을 유지하면서도, AI 반도체 등 차세대 반도체 기술을 선점하는 것이 중요합니다. 첨단 패키징과 로직 반도체, 파운드리, 팹리스 등으로 현재 메모리반도체에 편중된 생태계를 다변화하고, 여기에 미국, 일본 등과 협력해 신개념 반도체 소자의 로드맵과 표준을 주도해야 합니다.

반도체국가로 거듭나게 한 역대정부 지원

1980년 이제 막 첫발을 내딛은 우리 반도체 기술력은 당시 반도체 패권을 쥐고 있던 일본과 무려 10년 이상의 격차가 났습니다. 반도체 산업 육성에 대해 당시 경제기획원은 반대 입장이었습니다. 반도체는 고도의 첨단 기술과 막대한 자본이 필요한 산업이라 한국과 같은 노동집약적 산업구조를 지닌 나라와는 맞지 않다는 것이 반대의 이유였습니다. 그러나 전두환 대통령은 "반도체는 우리나라가 선진국이 되느냐 못 되느냐를 가름하는 핵심 기술이다. 각 장관은 반도체 개발 사업에 적극 협조하라"며 반도체 산업 육성을 전격 강행했습니다.

1981년 전두환 정부는 '반도체공업육성계획'을 발표했습니다. 상공부는 반도체 산업을 첨단 전자산업 고도화를 위한 핵심 산업이자 미래 수출주도 산업으로 삼을 것을 제안하면서 생산구조 고도화, 설비 근대화, 연구개발체제 확립, 기초소재 국산화 등 세부적인 육성 시책을 마련했습니다.

삼성반도체 공장 찾은 대통령

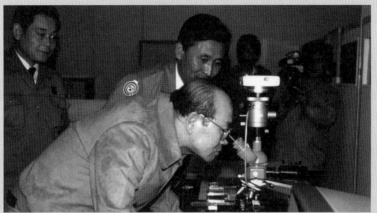

1983년 전두환 전 대통령이 경기도 부천 삼성반도체 공장을 찾았다. 왼쪽은 이건희 삼성 선대회장의 모습.　　　　　　　　　　　　　　　　　　　　　　출처: 국가기록원

　　정부는 반도체 육성 컨트롤타워인 '반도체공업육성추진위원회'를 상공부가 아닌 청와대 비상설 기구로 직접 구성하고 운영했습니다. 위원장은 청와대 과학기술비서관이 맡았고 국내 웨이퍼 가공업체 대표와 한국전자기술 연구소장, 한국전자공학회장, 과학기술처 조정관, 사업별 관계부처 실무자 등이 위원이 되었습니다. 정부와 학계, 산업계가 긴밀히 소통할 수 있는 구조를 만든 것입니다. 이렇게 구성된 위원회를 중심으로 다음과 같은 3가지 지원 전략을 중점적으로 추진했습니다.

　　첫째, 기술 개발 자금을 지원하고 세제지원을 확대했습니다. 1979년 세계은행의 2천900만달러 차관으로 산업연구원의 반도체 생산 시설을 준공했습니다. 이어 1982년부터 1986년까지 기초기술 개발

반도체발 세계 3차대전은 일어날 것인가?

등에 200억원을 과학기술처 연구 출연금에서 지원하고, 민간 기업에도 전자공업진흥기금과 국민투자기금, 기술개발주식회사 자금을 투입했습니다.

또한 반도체 제조용 시설재와 원자재에 대한 관세를 대폭 감면하고, 반도체 장비 수입 관세 면제와 외화대부 조치 완화 등을 공격적으로 시행했습니다. 당시 대부분의 장비와 기초소재를 외국에서 수입해야 했던 반도체 산업계에서는 단비 같은 조치였습니다. 동시에 1980년 25%인 시설 자동화율을 1986년까지 90%로 끌어올리고, 주요 기초소재와 장비도 단계적으로 국산화할 수 있도록 지원했습니다.

둘째, 반도체 인프라를 구축했습니다. 1978년 한국반도체를 인수한 삼성의 이병철 창업회장은 1983년 '도쿄 선언'을 발표하며 반도체 사업 진출을 본격화했습니다. 그러나 반도체 공장을 지을 부지 선정에 애를 먹었습니다. 반도체 공장은 다른 제조업과는 달리 세 가지 조건을 충족해야 합니다. 용수가 풍부해야 하고, 지반이 안정적이어야 하며, 먼지가 발생하지 않아야 합니다. 여기에 더해 교통이 편리하고 우수한 인재가 찾아올 수 있어야 한다는 점에서 용인이 유력한 후보지였습니다. 그러나 문제는 후보지 인근 대부분의 땅이 산림보전지역이거나 논, 상수도 보호지역이어서 공장을 지을 수가 없는 환경이라는 것이었습니다. 이때 정부는 한 달 만에 해당 지역 용도변경을 허가하고, 토지 매입도 적극 지원했습니다.

이런 정부의 과감한 결단으로 도쿄 선언이 나온 지 불과 7개월 만에 기적적으로 반도체 공장 건설이 시작되었습니다. 뿐만 아니라 용수 부족을 대비해 용인군 광역 상수도로부터 물을 끌어오는 등 적극적인 행정 지원을 이어갔습니다. 그 결과 삼성 기흥 공장은 세계 역사에서 유례없이 6개월 만에 반도체 공장을 완공하는 역사를 썼습니다.

셋째, 산-학-연-관 연합 반도체 개발 프로젝트를 실시했습니다. 1986년 한국 정부는 '초고집적 반도체 기술 공동개발사업'을 시작했습니다. 이 프로젝트는 당시 최첨단 기술이었던 4M(메가비트) D램을 개발하는 것을 목표로 경제기획원, 상공부, 체신부, 과학기술처 등 부처 합동으로 추진되었습니다. 삼성반도체통신, 금성반도체, 현대전자 등 3사의 반도체 연구원이 전자통신연구소(현 ETRI)로 차출되었고, 순수 연구개발비로만 400억원이 책정된 대형 국책 프로젝트였습니다.

정부가 이런 대규모 투자를 결정한 것은 당시 미국 마이크론을 비롯해 일본 반도체회사들은 256K(킬로비트) D램 생산라인을 활용해 1M D램을 양산한 데 이어, 2M D램 양산을 목전에 둔 상황이었기 때문입니다. 후발주자인 한국이 선진국 대열에 합류하기 위해선 더 이상 기술개발투자를 늦출 수 없다는 위기의식이 주효했습니다.

이 공동프로젝트의 성공으로 1988년 삼성전자는 4M D램 시제품을 개발한 데 이어 다음 해에는 양산에도 성공했습니다. 전두환 정부의 반도체 기술 육성 기조는 노태우 정부에서도 이어져 6년간 1990년 16M D램, 1992년 64M D램 개발 등의 성과로 이어졌습니다. 세계 최강 메모리반도체 패권국의 토대는 이렇게 정부의 강력한 기술 지원 정책을 통해 세워졌습니다.

또한 이 시기에 정부는 반도체 고급 인력 양성에도 힘썼습니다. 대학의 전자 관련 학과와 인원을 대폭 확대하고, 심지어 다른 기업으로 가려는 인재를 삼성으로 돌려보내는 일까지 벌이는 등 국가가 나서서 산업 인력을 집중 육성했습니다.

이 밖에도 정부가 중심이 되어 회로 설계와 웨이퍼 가공 기술 인력에 대한 해외연수를 늘리고, 생산기술과 응용 기술 분야의 해외 우수인력을 유치했습니다.

1980년대 국가를 중심으로 한 파격적인 반도체 산업 육성 정책의 결과로 1993년 삼성전자는 '도쿄 선언' 10년 만에 메모리반도체 1위를 차지할 수 있었습니다.

미국 엔비디아 시가총액이 2024년 들어 한때 2천조원을 돌파했습니다. 한국 유가증권시장 전체 시가총액을 넘어선 겁니다. 삼성전자와 SK하이닉스를 비롯해 한국을 대표하는 기업들의 몸값을 다 합쳐도 엔비디아에 밀린다는 이야기입니다. 인공지능(AI) 시대가 열리면서 엔비디아는 몸값이 천정부지로 뛰었습니다. AI가 인간의 정신 노동을 대체하는 시대가 된 결과입니다. AI 시대 패권을 장악하려면 결국 여기에 들어가는 반도체를 손에 쥐어야 합니다. 엔비디아를 비롯한 반도체 기업들은 세계 경제를 주도할 것입니다. 5장에서는 앞으로 반도체 시장을 이끌 기업들의 역사와 전망을 담았습니다.

반도체 기업의
생존법칙

'반도체 제국'의 쇠락, 인텔의 흥망성쇠

"너 아직도 인텔에 다녀?" 요즘 인텔 실리콘밸리 본사 직원들은 이런 이야기를 많이 듣는다고 합니다. 한 반도체 업계 사장은 "과거에는 인텔에 다닌다면 모두가 부러워했다. 그런데 지금은 '왜 거기를 다니냐?'는 식으로 분위기가 싹 바뀌었다"고 말했습니다.

인텔은 한때 '반도체 왕국'으로 통했습니다. D램을 세계 최초로 개발하고, 중앙처리장치(CPU) 시장에서 압도적 경쟁력을 확보한 덕분입니다. 반도체 설계·생산·판매를 아우르는 '종합 반도체 기업(IDM)'의 역량도 확보했습니다. 인텔의 CPU가 담기지 않은 PC가 드물던 시대도 있었습니다. 하지만 반도체 왕국의 명성은 서서히 저물고 있습니다. D램은 일찌감치 접었고, CPU는 엔비디아·AMD 제품

미국 캘리포니아주 산타클라라에 위치한 인텔 본사 사옥 전경

출처: 인텔

에 밀리는 처지입니다. 파운드리 사업은 TSMC, 삼성전자와 격차를 좁히지 못했습니다. 실리콘밸리에서는 '퇴물 기업'으로 전락했습니다.

대규모 투자를 바탕으로 부활을 꾀했던 인텔은 처참한 성적표를 받아들곤 전략을 수정하고 나섰습니다. 인텔의 향방에 업계의 관심이 커지고 있습니다.

D램 개발했지만 일본에 밀려 포기

인텔은 1968년 7월 출범했습니다. '무어의 법칙'으로 유명한 고든 무어와 로버트 노이스, 앤디 그로브가 함께 세운 회사입니다. 처

인텔의 창립자들

인텔의 첫 번째 직원으로 입사해 1990년대 인텔의 최고 성장을 이끌어낸 화학 엔지니어 앤디 그로브
(맨왼쪽)와 공동 창립자 로버트 노이스(가운데), 고든 무어   출처: 인텔

음 회사 이름은 '인티그레이티드 일렉트로닉 코퍼레이션(Integrated Electronics Corporation)', 즉 통합전자회사란 의미입니다. 이를 줄여서 인텔(intel)이 되었습니다.

1970년 인텔은 세계 최초로 메모리 D램 반도체를 개발했습니다. 1971년에는 최초의 CPU '인텔 4004' 마이크로프로세서를 선보였습니다. 두 제품은 정보기술(IT) 업계의 혁신을 주도하는 제품으로 자리 잡았습니다. 이 제품은 이후 거의 모든 PC를 비롯한 전자기기에 탑재되면서 기술 혁명을 주도했습니다.

인텔은 출범 직후 메모리반도체 사업과 CPU 사업을 병행했습니다. 인텔의 처음 주력 사업은 D램이었습니다. 제품 모두를 자체 공장에서 생산했습니다. 인텔은 1980년대 중반까지 D램 공장을 늘려가면서 시장을 장악했습니다. 하지만 일본 반도체 기업이 당시에 대규모 자본을 등에 업고 메모리반도체 시장에 뛰어들면서 시장 환경이 바뀝니다.

인텔이 일본 반도체 업체에 밀린 배경으로는 여러 원인이 거론되지만 공장을 짓기 위한 자금조달력이 부족했다는 분석이 지배적입니다. 1970년대 폴 볼커 전 미국 중앙은행(Fed) 의장은 인플레이션을 잡기 위해 1979년부터 1980년 말까지 기준금리를 연 10%대에서 연 22%로 올리는 극약 처방에 나섰습니다. 그 덕분에 두 자릿수 물가가 한 자릿수로 내려가기도 했습니다. 하지만 당시 미국 반도체 업계는 치솟는 금리에 투자 여력을 상실합니다. 너무 높은 시장금리 탓에 투자금 조달이 여의치 않게 된 겁니다.

반면에 일본은 당시 연 6~7%대 기준금리를 유지했습니다. 히타치와 미쓰비시를 비롯한 당시 일본 반도체 업계는 상대적으로 낮은 금리에 자금을 조달해 몸집을 계속 불렸습니다. 일본 반도체 업체는 설비를 대폭 늘리면서 D램 생산경쟁력을 확보했습니다. 그만큼 저렴한 가격에 상대적으로 우수한 품질의 제품을 생산하는 데도 성공했습니다.

CPU '윈텔 시대' 열었지만 스마트폰 등장에 몰락

일본 업체의 맹공에 인텔은 1980년대 중반 D램 시장 점유율이 1% 대까지 폭락했습니다. 일본의 맹공에 밀려 인텔은 D램 사업을 접기로 결정했습니다. 1987년 인텔의 최고경영자(CEO) 앤드루 그로브는 D램 사업에서 철수하고 회사의 역량을 CPU에 쏟기로 합니다.

인텔은 1971년 최초의 CPU '인텔 4004'에 이어 후속작인 '인텔 8088'을 선보였습니다. 1980년 인텔은 당시 컴퓨터 1위 업체였던 IBM과 CPU를 공급하는 계약을 맺었습니다. IBM은 인텔의 CPU를 탑재한 개인용 PC를 판매합니다. PC시장은 이 직후 폭발적으로 성장하게 됩니다. 인텔은 IBM을 비롯해 PC업체에 CPU를 공급하면서 막대한 수익을 얻게 됩니다. CPU의 성공은 D램 사업에서 맛본 뼈저린 실패를 극복하는 배경이 되었습니다.

인텔은 마이크로소프트(MS)와 손을 잡고 PC시장을 주도하는 제조 파트너로 발돋움했습니다. 이른바 '윈텔(윈도우+인텔) 동맹'을 맺고 '인텔 인사이드'라는 슬로건을 내세웠습니다. 인텔은 PC와 인터넷 혁명을 주도했습니다. MS가 윈도우로 통하는 컴퓨터 운영체제

'인텔 인사이드' 로고

출처: 인텔

(OS)와 인텔의 CPU인 X86을 동시에 탑재한 PC로 1980~2010년대에 PC시장을 주도했습니다.

인텔은 CPU 성능을 극대화할 수 있도록 하나의 칩에 여러 개의 계산회로를 탑재한 멀티코어 시대도 열었습니다. 2006년부터는, 한 해에는 공정 개선, 다음 해에는 설계 변경하는 틱톡 전략을 구사해 CPU 시장 패권을 장악했습니다. CPU를 앞세워 1992년부터 2016년까지 세계 반도체업계 매출 1위를 이어갔습니다.

이 회사를 매출 2위로 밀어버린 것은 삼성전자입니다. 2017년 이후 인텔은 내리막길을 걷게 되는데, 스마트폰 시대가 열린 것과 맞물립니다. 애플이 스마트폰인 아이폰을 내놓자 인텔의 쇠락이 시작된 것입니다. 아이폰을 비롯한 애플의 제품에 삼성전자의 반도체가 탑재된 반면, 인텔은 납품하지 못한 결과입니다.

이전까지 인텔의 CPU는 PC를 비롯한 전자기기를 작동시키는 '두뇌 칩' 시장을 장악했습니다. 하지만 스마트폰을 구동하는 두뇌 칩

인텔 시총 변화

출처: **구글금융**

인 애플리케이션프로세서(AP)로 더 이상 인텔의 CPU는 선택받지 못하게 됩니다. AP 기술력에서 영국 반도체 업체인 ARM에 밀린 결과입니다.

스마트폰은 통상 PC보다 전력 사용량이 적습니다. PC와 스마트폰에서 가장 많은 전력을 잡아먹는 곳이 두뇌 칩인 CPU·AP입니다. 인텔은 자사의 CPU인 X86을 아이폰 AP로 심으려고 노력했습니다. 하지만 ARM이 설계한 AP는 인텔 제품보다 전력 효율이 좋았습니다. 삼성전자와 퀄컴, 애플, 미디어텍 등이 ARM 설계 기반을 바탕으로 스마트폰용 AP 시장을 장악했습니다. 인텔은 2015년에 모바일 AP 신제품 '아톰X' 시리즈를 재차 내놨지만 결국 시장의 외면을 받았습니다.

강도 높은 구조조정, 경쟁력 상실 '부메랑'

AP 시장에서 주도권을 상실하면서 흔들린 인텔은 2015~2016년에 강도 높은 구조조정을 추진합니다. 2015년에 1천 명가량의 인력을 해고했습니다. 이듬해에는 전체 직원의 11%에 해당하는 1만 2천명을 감원합니다. 당시 인텔 CEO인 브라이언 크르자니크가 비용 절감을 위한 인력 구조조정을 주도했습니다. 이때 연구개발 인력을 비롯해 회사의 주축 인재들이 빠져나갔는데, 풍부한 경험을 쌓은 엔지니어들이 대거 인텔을 등졌다고 합니다. 이 같은 인력 이탈은 몇 년 후 회사의 명성을 갉아먹는 사태로 이어졌습니다. 10나노(nm·1억 분의 1m) 공정 등 반도체 생산 사업에서 차질을 빚었습니다.

2018년엔 인텔 CPU가 해킹에 취약하다는 점이 발견되었습니다. 해커들이 메모리에 침투해 로그인하고 비밀번호와 데이터 등 개인 정보를 훔쳐볼 수 있는 버그가 등장한 것입니다. 당시 인텔이 문제를 인지한 뒤에도 이를 방치하면서 'CPU 게이트'로 번졌습니다. 크르자니크는 CPU 게이트가 불거지기 전에 이 사실을 알고도 수개월 동안 은폐했을 뿐 아니라 의도적으로 주식을 매각했다는 의혹을 받기도 했습니다.

그는 결국 그해에 불미스럽게 사임했고 인텔의 명성은 다시 추락했습니다. 직원과 부적절한 관계를 맺었기 때문입니다. 인텔은 관리자급 이상이 사내에서 직원과 교제하지 못하도록 규정하고 있습니다. 인텔은 자체 조사에서 크르자니크가 과거에 이를 위반한 사실이 확인되었다고 밝혔습니다.

인텔은 2021년 팻 겔싱어를 새 CEO로 선임했습니다. 2024년에는 미국 정부로부터 195억달러의 대규모 반도체 보조금을 받기로 했습니다. 정부의 지원을 바탕으로 애리조나, 오하이오, 오리건, 뉴멕시코 등에 첨단 공정 생산 시설을 지을 계획입니다. 인텔은 2024년 말부터 1.8나노 공정을, 2027년에는 1.4나노 공정 양산을 시작하겠다는 로드맵을 공개한 바 있습니다. 이 같은 기술력을 바탕으로 파운드리 2위인 삼성전자 자리를 빼앗겠다는 계산입니다.

하지만 인텔이 이 같은 기술력을 구현할 수 있을지에 대해서는 업계의 의구심이 상당합니다. 여기에 들어가는 투자금을 감당할 수 있을지에 대한 우려도 높습니다. 이 같은 의구심과 우려는 벌써 현실이 되었습니다. 이 회사는 2024년 2분기 16억 1천100만달러 순손실을 기록하면서 출범 56년 만에 최악의 위기에 직면했습니다.

눈덩이 손실에 따라 이 회사의 주가와 기업가치는 큰 폭 훼손되었습니다. 2024년 하반기에 시가총액이 1천억달러를 밑돌면서 2020년 1월(2천920억달러) 수준의 '3분의 1'로 쪼그라들었습니다. CPU는 물론 AP 시장에서 입지가 흔들린 이 회사의 기술 경쟁력이 갈수록 약화된 결과입니다.

인텔은 위기에 대응하기 위해 역대급 구조조정 방안을 내놨습니다. 2024년 4분기부터 배당을 중단하고 인력의 15%를 감축하겠다는 계획을 발표했습니다.

파운드리 사업부를 분할해 독립 자회사로 만든다는 방안도 내놨습니다. 2021년 인텔이 파운드리 시장에 진출한 뒤 막대한 적자를 기록한 결과입니다. 파운드리 사업부를 매각하는 것 아니냐는 지적도 나왔지만 겔싱어 CEO는 매각설에 선을 그었습니다. 일각에서는 파운드리 사업부 지분을 일부 매각하는 형태로 투자금을 조달할 것으로 보고 있습니다.

여기에 인텔은 폴란드와 독일 공장 구축도 중단하기로 합니다. 독

반도체 기업의 생존법칙

일 마그데부르크에 300억유로 규모의 설비투자를 중단한 겁니다. 말레이시아 공장에 대한 계획도 잠정 중단하기로 합니다.

하지만 이 같은 구조조정 대책에도 불구하고 인텔의 추락이 이어질 것이라는 관측이 지배적입니다. 엔비디아, AMD, 삼성전자 등 경쟁자와의 기술 경쟁력이 상당한 만큼 이 같은 추격이 쉽지 않을 것이라는 분석이 많습니다. 반도체 제국 인텔이 기지개를 켤 수 있을지 업계의 관심이 커지고 있습니다.

힘들 때 웃어야 프로, '역발상 대가' 삼성

1982년 3월, 미국 샌프란시스코. 이병철 삼성 창업회장은 당시 미국 출장길에 올랐습니다. 출장 목적은 보스턴대 경영학 명예박사 학위를 받기 위해서였습니다. 하지만 그의 진짜 목적은 실리콘밸리 방문이었습니다. 최첨단 산업의 중심지로 떠오른 그곳에서 IBM과 HP 등의 공장을 방문했습니다.

IBM은 이 창업회장 방문 당시 '공장 사진을 찍어도 된다'고 허가했습니다. 이 창업회장은 놀라서 "당신들 공장에는 비밀이 많을 텐데요?"라고 물었다고 합니다. 이에 IBM 직원은 자신감에 찬 말투로 "그런 비밀을 본다고 따라할 수는 없겠죠"라고 답합니다.

확실히 삼성전자를 과소평가한 것입니다. IBM 직원의 이 같은 태도는 당시 삼성전자를 비롯한 한국의 상황과 맞물립니다. 한국은 '반도체 황무지'나 다름없었습니다. 1982년 이후 이 황무지를 '반도체 허브'로 개척하는 삼성전자의 여정이 시작되었습니다.

"과대망상증 환자"라는 조롱 이겨낸 삼성전자

출장을 마치고 돌아온 이병철 창업회장은 몇 달 동안 끙끙 앓았다고 합니다. 반도체 산업의 진출을 놓고 고민이 컸습니다. 이 창업회장은 "국가경쟁력을 확보하려면 반도체 개발 전쟁에 참여해야만 한다"며 "반도체를 외국에서 수입하면 모든 산업의 예속화를 면할 수 없다"고 보았습니다. 그는 "반도체 공급이 중단되면 하루아침에 회사 문을 닫아야 한다"고도 했습니다.

하지만 당시 반도체 산업은 엄청난 도박이었습니다. "한국이 미국·일본의 기술을 추격할 수 있을까? 막대한 투자재원을 마련할 수 있을까? 제품의 사이클은 기껏 2~3년인데, 리스크를 감당할 수 있을까? 고도의 기술 인력을 확보하고 훈련할 수 있을까?" 이 창업회장은 이 같은 고민이 머리에서 떠나지 않았습니다.

마침내 결심은 수개월 만에 섰습니다. 이 창업회장은 『호암자전』을 통해 다음과 같은 생각을 밝혔습니다.

"73세, 비록 인생의 만기이지만 이 나라의 백년대계를 위해서 반

반도체 생산 공정을 둘러보는 이병철 삼성 창업회장

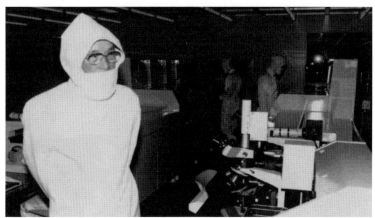

출처: 삼성전자

도체에 전력투구해야 할 때다. 한국은 지금(1986년) 반도체를 앞세운 하이테크 산업으로의 변신을 도모하지 않고서는 영영 경제발전을 기약할 수 없다는 확신을 가졌다."

1983년 2월, 이 창업회장은 "반도체 중에서도 첨단기술인 초고밀도집적회로(VLSI)에 대규모로 투자한다"고 선언했습니다. 삼성의 반도체 진출을 본격화한 이른바 '도쿄 선언'입니다. 당시 가전제품용 고밀도집적회로(LSI)도 겨우 만들던 삼성전자의 반도체 진출을 두고 업계는 반신반의하는 분위기였습니다.

하지만 이 창업회장은 결심이 서자 반도체 사업을 속전속결로 진행했습니다. 국내외 반도체 전문가를 빠짐없이 만나려고 했습니다. 반도체 자료도 닥치는 대로 구했습니다.

1983년 삼성전자가 반도체사업에 진출하며 제작한 신문광고

출처: 삼성전자

마침내 삼성전자는 1983년 11월 세계에서 세 번째로 64K(킬로비트) D램 개발에 성공합니다. 전 세계 글로벌 반도체 기업에서 근무하고 있던 한국 인력들을 불러 모아 '24시간 개발 체제'를 가동한 결과입니다.

이건희의 결단, 판을 바꾸다

1987년 삼성전자 반도체 사업은 변곡점을 맞이합니다. D램의 집적도를 높이기 위해 삼성을 비롯한 20여 개 반도체 업체가 개발 경쟁을 벌였습니다. 이때 삼성은 다른 회사들과 달리 건물을 올리는 것처럼 위로 쌓는 '스택' 방식을 택했고, 업계의 희비는 엇갈렸습니다. 삼성이 승기를 잡게 된 것입니다.

이후 30년 동안 삼성전자 메모리반도체 사업은 승승장구했습니다. 삼성전자는 1994년 256M(메가비트) D램, 1996년 1G(기가비트) D램, 2011년 20나노급 D램, 2016년 10나노급 D램 등 개발에 성공했습니다.

삼성이 위기 때마다 '역발상 투자' 카드를 꺼낸 것도 메모리 시장을 거머쥔 요인으로 여겨집니다.

1980년대 후반에 경쟁 반도체업체들이 저가 제품을 쏟아낸 데다 경기가 불황의 터널에 진입하면서 반도체 산업은 위기를 겪습니다. 이때 삼성은 움츠러들기는커녕 되레 투자를 늘리기로 결정했습니다. 1991~1992년에 기흥캠퍼스에 8인치 웨이퍼 전용라인 구축에 무려 1조 2천500억원을 쏟아부었습니다. 16M D램을 월 300만 개까지 생산할 수 있는 당시 최대 규모 공장 건립 프로젝트를 추진한 겁니다.

삼성전자의 투자가 마무리된 1993년부터 반도체 시장은 빠르게 회복했습니다. 불어난 생산능력을 앞세운 삼성전자는 메모리 시장에서 1위를 차지하게 됩니다. 삼성전자는 미국과 일본의 쟁쟁한 경쟁자를 누르고 현재까지 메모리 시장에서 선두 자리를 지키고 있습니다. 이후 메모리 시장 점유율은 30~40%대를 유지했습니다.

이후에도 삼성전자의 역발상 투자는 '반도체 빙하기' 때마다 이어지고 있습니다. 반도체 시장은 1996~1998년, 2007~2009년, 2022~2023년 등 세 차례의 위기를 맞았습니다. 삼성전자는 그때마

반도체 기업의 생존법칙

다 위기를 기회로 만들었습니다.

1996~1998년 D램 가격이 고점 대비 10분의 1 수준으로 폭락하면서 반도체 기업들의 구조조정이 이어졌습니다. 반도체 기업들은 투자는커녕 생존을 걱정했습니다. 하지만 삼성전자는 1998~2001년 D램 등 반도체 설비투자로 13조원을 썼습니다. 이 같은 역발상 투자는 반도체 해빙기에 큰 수확으로 돌아왔습니다. 1997~1999년 2조원대 영업이익에 그쳤던 삼성전자는 2000년과 2001년 영업이익이 각각 5조 3천760억원, 9조 603억원으로 불어났습니다.

D램 가격이 폭락한 2007~2009년에도 비슷한 상황이 펼쳐졌습니다. 당시 8나노 D램 설비가 주축이던 삼성전자는 50나노·40나노 투자를 대폭 늘렸습니다. 이 같은 투자는 적중해 10조원 안팎에 머물던 영업이익은 2012년 30조원에 육박할 만큼 불었습니다.

2022~2023년에도 D램 가격이 폭락하면서 삼성전자는 반도체 부문에서 상당한 적자를 냈습니다. 하지만 2023년에 삼성전자는 역대 최대인 50조원을 넘는 투자를 이어갔습니다. 고대역폭메모리 (HBM) 설비는 물론 파운드리 공장 확장 등에 투자비를 쏟았습니다.

삼성전자는 반도체 성장과 함께 비약적 발전을 이어갔습니다. 1969년 1월 13일 '삼성전자공업㈜'으로 출발한 삼성전자는 첫해 '구멍가게'나 다름없었습니다. 매출은 3천700만원, 당기순손실은 400만원이었습니다. 1958년 금성사로 가전사업에 진출한 LG전자보다 11년 뒤처진 출발이었습니다. 1980년엔 오일쇼크 여파로 55

억원 순손실을 내기도 했습니다. 하지만 이후 2023년까지 43년 연속 흑자행진을 이어갔습니다. 2023년 매출은 258조 9천355억원으로 출범 당시와 비교하면 7천만 배나 증가했습니다.

HBM 밀렸지만 절치부심, 해 뜰 날 올까

하지만 최근 분위기가 심상치 않습니다. 메모리 시장 1위인 삼성전자가 흔들리는 중입니다. 최근 메모리 시장 팽창을 주도한 HBM에서 SK하이닉스에 밀리고 있기 때문입니다. SK하이닉스는 2022년부터 HBM을 엔비디아에 납품하며 승기를 잡았습니다. 이 무렵 'HBM 시장은 규모가 크지 않고 메모리 사업의 비주류'라는 반응을 보였던 삼성전자입니다.

상대적으로 HBM 투자에 소홀한 탓에 주도권을 SK하이닉스에 넘겨준 것입니다. 부랴부랴 투자를 집중하고 있지만 HBM은 물론 최신 규격 D램인 더블데이트레이트(DDR)5에서도 기술 격차 등이 생기며 밀리고 있다는 지적도 나옵니다.

이처럼 삼성전자의 경쟁력이 약화된 배경으로는 '백화점식 사업' 방식이 꼽힙니다. 삼성전자는 메모리는 물론 시스템반도체, 파운드리 등 반도체 사업을 전 분야에 걸쳐서 전개하고 있습니다. TSMC가 파운드리, 엔비디아가 그래픽처리장치(GPU) 등 시스템반도체에 집

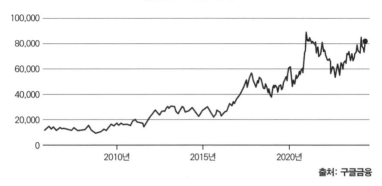

삼성전자 시총 변화

출처: **구글금융**

중하는 것과는 판이합니다.

　삼성전자는 반도체 외에 스마트폰과 가전사업도 하고 있습니다. 이 같은 사업 다변화 전략은 장점도 있습니다. 시황의 부침이 큰 반도체 사업의 변동성을 완화해줄 수 있습니다. 삼성전자는 2023년에 반도체 부문이 적자를 냈지만 스마트폰 사업 등이 선전하면서 실적을 방어한 바 있습니다. 하지만 너무 넓게 사업을 벌인 만큼 역량이 흩어지고 있다는 지적도 있습니다.

　삼성전자는 2023년 투자액 가운데 30조원 안팎을 메모리에, 나머지 20조원 안팎을 파운드리 등에 쓴 것으로 알려져 있습니다. 반면 TSMC의 경우 2023년 파운드리에만 40조원을 투자했습니다. SK하이닉스는 적은 투자금이지만 투자비 상당액을 HBM에 쏟았습니다. 삼성이 투자비를 여러 곳에 나눠 쓰다 보니 파운드리, HBM, D램 등 각각 분야에서 경쟁력이 꺾이고 있다는 겁니다.

물론 이 같은 위기를 극복할 저력도 상당합니다. 금고에만 100조 원에 육박하는 현금이 있습니다. 여기에 전 세계 임직원만 27만 명에 달합니다. D램부터 파운드리까지 세계 최상위권 역량을 갖췄습니다. 젠슨 황 엔비디아 최고경영자(CEO)는 2024년 3월 한국 기자들을 만난 자리에서 "여러분은 삼성과 같은 기업을 가진 나라에 살면서 삼성이 얼마나 대단한 기업인지 잘 모를 것"이라며 "삼성전자는 매우 비범한 기업"이라고 극찬했습니다.

삼성전자는 최근 인수합병(M&A)에 시동을 거는 한편 반도체 기술 역량 향상을 위해 총력을 쏟고 있습니다. 비범한 역사를 이어간 삼성전자의 향방을 놓고 업계도 주목하고 있습니다.

대통령·회장님도 읍소, '슈퍼을' ASML

"'듣보잡' 회사나 다니는 주제에…" 직장인 커뮤니티에서 화제가 되었던 이야기가 있습니다. ASML을 다니는 한 직원이 국제결혼을 하는 배경의 게시글을 올리자 한 공무원이 '듣보잡' 이야기를 꺼냈습니다. 그러자 해당 공무원의 무지를 탓하는 반박 글이 쏟아졌습니다. "ASML을 몰라보다니 놀랍다"거나 "ASML도 모르는 수준 알 만하다" 등의 반응이었습니다.

이 사례처럼 일반인 사이에선 ASML을 아는 사람이 많지 않습니다. 하지만 반도체 업계 종사자나 투자자들 사이에서 ASML의 명성은 상당합니다. ASML은 세계 반도체 업계 판도를 좌지우지하는 '슈퍼을(乙)'로 통합니다. 칩에 나노(nm) 단위의 회로를 새기는 노광장

ASML의 네덜란드 벨트호번 본사

출처: ASML

비를 사실상 독점하고 있기 때문입니다.

직원들 처우도 높습니다. ASML 한국법인의 경우 2년 차가 억대 연봉을 받는다고 알려집니다. 자사주 매입대금을 지원하는 등 파격적 복지제도도 운영중입니다.

세계 각국의 대통령과 반도체 업계 수장들도 이 기업을 찾아 반도체 장비 판매를 부탁할 만큼 위상이 높습니다. ASML은 네덜란드에 본사를 둔 반도체 장비 제조 기업으로 1984년 출범했습니다. 2024년 5월 이 회사의 시가총액은 500조원으로, 네덜란드 시가총액 1위 기업입니다. 압도적 기술력을 바탕으로 글로벌 기업으로 도약했습니다. ASML이 생산하는 노광 장비는 '인류가 만든 가장 복잡한 기계'로 통합니다. 삽입 부품만 10만 개가 넘습니다. 대체제도 없습니다. 캐논을 비롯해 일본 업체들이 개발에 나섰지만 금세 포기했습니다.

칩에 회로 밑그림 그리는 '노광장비' 독점

ASML은 네덜란드 업체인 필립스와 ASMI인터내셔널의 합작사로 출범합니다. 이 회사는 필립스 사옥 옆 작은 건물에서 직원 30명으로 시작했습니다.

필립스로부터 이식한 노광기술을 바탕으로 반도체 노광장비 개발에 착수했습니다. 반도체 원판인 웨이퍼에 빛으로 회로를 그리는 이 장비는 회로 선폭을 얇게 그리는 데 특화되었습니다. 선폭이 좁을수록 웨이퍼에서 생산할 수 있는 칩의 수가 늘어납니다.

반도체 장비를 생산했지만 초기 제품들의 실패가 이어지면서 회사 살림이 흔들리기도 합니다. 필립스와 네덜란드 정부, 유럽연합(EU) 보조금으로 근근이 버텼습니다. ASML은 흔들림 없이 투자를 이어가면서 캐논, 니콘 등 일본업체가 장악했던 노광장비 시장에서 점유율을 높여갔습니다.

이 회사는 1986~1989년에 우수한 리소그래피(웨이퍼에 회로 패턴 형성) 장비인 'PAS 2500' 'PAS 5000'를 내놓으면서 반도체 업계에서 명성을 얻었습니다. 미세회로 장비 판매량도 급증하면서 1995년 미국 뉴욕과 네덜란드 암스테르담 증시에 상장했습니다.

주식시장에 입성하며 조달한 자금으로 극자외선(EUV) 노광장비 개발에 나섰습니다. 2012년에는 개발비를 마련하기 위해 삼성전

ASML의 EUV 노광장비

출처: ASML

자와 인텔, TSMC 등에 지분을 매각하기도 합니다. 삼성전자는 당시 3천억원가량에 사들인 ASML 지분 1.6%를 단계적으로 매각해 6조원가량을 벌어들였는데, 이는 20배 넘는 수익을 올린 '잭팟 거래'로 통합니다.

이 회사는 2017년 세계 최초로 선보인 13.5나노의 EUV 노광장비를 개발하면서 일약 '슈퍼을'로 도약합니다. 2007년 반도체 최적화 솔루션 업체 브리온을 인수했고, 2013년 EUV 광원에 대한 독점 기술을 확보한 사이머를 자회사로 편입했습니다. 이들 회사의 기술을 바탕으로 EUV 상용화에 성공하게 됩니다.

EUV는 10나노 이하 초미세 회로선폭 공정에서 핵심 장비로 통합니다. 반도체 선폭을 미세화하려는 업체들 사이에서 매입 경쟁이 치열합니다. 대당 장비 가격은 2천억~3천억원에 달합니다. 가격은 높지만 생산량이 많지 않습니다. ASML의 연간 EUV 장비 생산량은

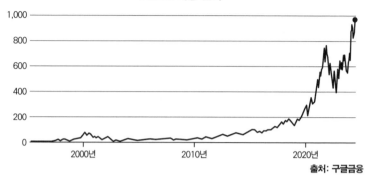

ASML 시총 변화

30~40대에 불과합니다. 이 중 장비 절반은 TSMC가 가져가고 있습니다. 나머지 절반의 장비를 매입하기 위해 삼성전자와 인텔, SK하이닉스, 마이크론 등이 경쟁하는 중입니다.

중국 반도체 업계도 ASML의 최신 EUV 노광장비를 호시탐탐 노리고 있습니다. 7나노 공정 기술을 가진 중국 파운드리 업체 SMIC는 ASML 장비 매입을 추진했지만 미국의 제재로 한 대도 구매하지 못하는 상황입니다.

한국도 이 장비를 확보하기 위해 2023년 12월 윤석열 대통령이 3박 5일 일정으로 네덜란드를 국빈 방문하기도 했습니다. 이재용 삼성전자 회장도 ASML을 수시로 찾습니다. 이처럼 ASML은 세계의 정·재계 수장을 움직일 만큼의 기술 패권을 확보한 업체로 급부상했습니다. EUV 노광장비를 사실상 독점하는 ASML의 경쟁자는 한동안 보이지 않을 전망입니다. 그만큼 이 회사의 단단한 입지도 적잖은 기간 이어질 것으로 관측됩니다.

하지만 ASML도 2024년 불어닥친 반도체 시장의 위기로 몸살을 앓고 있습니다. 이 회사는 2024년 10월에 내놓은 '2025년 매출 전망치'를 큰 폭으로 깎았습니다. 이 회사는 2025년 매출 전망치를 300억~350억유로로 잡았습니다. 이는 ASML 종전 전망치(300억~400억유로)는 물론 매출 컨센서스(증권사 전망치 평균)인 358억유로에도 미치지 못하는 규모입니다. 반도체 시장이 부진할 것이라는 관측을 반영해 실적 전망치를 깎은 겁니다.

ASML은 독보적 기술력을 갖췄습니다. 그만큼 반도체 시장이 기지개를 켜면 다시 실적 전망도 밝아질 것이라는 관측이 많습니다. ASML과 반도체 시장의 판도를 놓고 투자자와 업계의 관심이 커지고 있습니다.

"무엇이든 만들어드려요" '해결사' TSMC

"삼성전자를 비롯한 '경쟁업체'에 대해선 어떤 답변도 하지 않을 겁니다(TSMC does not comment on competitors)."

2023년 5월 초에 TSMC 관계자에게 여러 차례 이메일을 보냈습니다. 당시 삼성전자는 "파운드리(반도체 수탁생산) 사업에서 TSMC를 밀어내고 1위를 꿰차겠다"며 공공연하게 밝힌 바 있습니다. 이 같은 삼성의 포부에 대한 TSMC의 대응과 생각이 궁금했습니다. TSMC 홍보팀은 보름 만에 이 같은 원론적 내용의 답장을 보냈습니다. 의미 없는 답변에 실망했지만 간단하게 기사를 작성했습니다.

이 기사에 대해 업계에선 "TSMC의 답변을 얻어낸 건 의미 있다"는 평이 나왔습니다. 그만큼 TSMC의 폐쇄성은 유별납니다. 파운드리 사업 경쟁자인 삼성전자를 의식하고 있다는 평가가 많습니다. TSMC와 대만 언론은 삼성전자와 한국 기자들에 대한 경계심이 큽니다.

대만에서 TSMC가 차지하는 위상과 경제·정치적 가치를 고려하면 당연해 보입니다. 수출 효자인 TSMC는 대만 국부(國富)의 원천으로 입지를 단단히 굳혔습니다. 여기에 중국의 군사적 위협에서 대만을 지키는 '실리콘 방패' 역할도 하고 있습니다. TSMC의 파운드리 시장 점유율이 60%를 넘어섭니다. 이 회사에 대한 미국과 중국 산업 의존도도 높습니다. TSMC 생산라인이 파괴되면 중국을 비롯해 전 세계 첨단산업이 상당한 차질을 빚을 수 있습니다.

경쟁력을 유지하려는 TSMC와 대만 민·관의 노력은 남다를 수밖에 없습니다. 삼성전자는 파운드리 분야에서 TSMC를 조금이라도 밀어내고 점유율을 높이는 데 총력을 쏟고 있습니다. TSMC가 이만큼의 위상을 쌓은 배경과 함께 삼성전자와의 경쟁 양상이 어떻게 흐를지 투자자와 업계의 관심도 커지고 있습니다.

'실리콘 방패'의 시작

TSMC를 창업한 모리스 창 전 회장은 1931년 중국 저장성 낭보시에서 태어납니다. 그는 국공내전과 중일전쟁을 피해서 홍콩을 거쳐 미국으로 이주합니다. 하버드대학교에 입학한 그는 1949년 매사추세츠공과대(MIT)로 편입했습니다. 졸업 후에는 반도체 회사 텍사스인스트루먼츠에서 20년 동안 근무하면서 부사장까지 오릅니다. 당시 미국 반도체 업계에서 중국계 중 최고위직이었습니다. 1962년에는 미국 시민권을 취득하기도 했습니다.

창 전 회장은 대만 정부에서 대만산업기술 연구원 원장직을 제안받아 1985년에 54세 나이에 귀국합니다. 그가 귀국한 것은 대만의 경제정책 변화와 맞물립니다. 당시 대만의 경제정책을 총괄하던 쑨인쉬안 행정원장은 1979년 '오일 쇼크' 직후 경제 위기를 수습하기 위해 반도체 산업에 역량을 결집하기로 결정합니다. 이를 위해 대만산업기술 연구원을 세우고 이곳의 3대 원장으로 창 전 회장을 영입한 것입니다.

이건희 삼성 선대회장이 1989년 대만을 방문했을 때 그를 직접 스카우트하려 했던 일화도 있습니다. 일찌감치 창 전 회장의 능력을 알아본 이 선대회장이 손을 내민 것입니다. 하지만 그는 대만에서 반도체 사업을 전개하는 데 온 힘을 쏟았습니다.

TSMC를 창업한 모리스 창 전 회장은 대만 반도체 산업이 승기를 잡을 수 있도록 새로운 '틈새 사업'을 개발합니다. 평생을 미국 반도체 업계에 몸담으면서 시장 상황을 꿰뚫어본 그는 반도체 설계나 직접 생산이 아닌 위탁 생산(파운드리) 사업을 고안합니다. 당시는 대만 반도체 설계 기술이 미국과 일본 업체에 비해 한참 뒤처진 상황이었습니다. 창 전 회장은 이를 뒤집는 것은 현실적으로 어렵다고 판단했습니다.

여기에 미국 반도체 기업들은 가격 경쟁력이 높은 일본 업체와의 경쟁에서 밀리면서 생산보다는 설계에 초점을 맞추는 형태로 변화하고 있었습니다. 그는 설계에만 주력한 반도체 '팹리스'가 줄줄이 등장하는 만큼 파운드리 사업도 탄력을 받을 것으로 봤습니다. 그 예측이 잘 맞아떨어지며 TSMC는 승승장구합니다.

대만 정부도 TSMC를 전폭적으로 지원하고 있습니다. 법인세를 깎아주는 등 세제 감면에 나선 것은 물론 연구개발(R&D) 보조금 등도 지원했습니다. 팹리스들은 자신들의 기밀인 설계기술이 경쟁사에 유출되는 것에 극도로 민감합니다. TSMC는 '고객과 경쟁하지 않는다'는 경영 철학을 바탕으로 고객사와의 신뢰를 쌓았습니다.

'역발상 투자'로 성장, 애플 잡으며 승승장구

삼성처럼 '역발상 투자'를 전개한 것도 TSMC의 성장세를 이끈 비결입니다. 2005년 TSMC CEO 자리에서 물러났던 모리스 창은 글로벌 금융 위기가 터진 직후인 2009년 회사로 복귀합니다. 당시 TSMC 실적이 큰 폭으로 떨어지자 '구원 투수'로 재등판한 겁니다. 당시 반도체 가격이 폭락하면서 경쟁사들이 생산라인을 폐쇄할 때 TSMC

대만 TSMC 전경

출처: TSM

는 10조원이 넘는 투자를 단행합니다. 이 회사는 대대적인 투자 덕분에 2011년 매출이 20조원에 육박할 만큼 불어납니다. 전년에 비해 42% 늘어난 규모입니다.

TSMC가 글로벌 반도체 기업으로 도약한 배경의 하나로는 애플이 꼽힙니다. 애플은 2007년에 아이폰을 내놓은 뒤부터 여기에 들어가는 두뇌칩인 AP를 대부분 삼성전자 파운드리에 맡겼습니다. 하지만 애플과 삼성은 특허 분쟁소송이 불거지면서 갈등을 겪게 됩니다. 애플은 2014년 갈등을 계기로 삼성에 맡긴 AP생산 물량을 모두 회수하기로 결정합니다. 그리고 AP생산을 TSMC에 넘깁니다. TSMC의 파운드리 공정 역량이 삼성보다 앞섰기 때문입니다. 삼성에 자신들의 기술이 유출될 것이라는 우려도 한몫했습니다. TSMC는 당시 반도체 20나노 경쟁에서 삼성을 따돌렸습니다.

"고객과 경쟁하지 않는다" 철학이 통했다

TSMC는 지금까지 AP를 비롯해 애플의 주요 시스템반도체 생산을 맡고 있습니다. '고객과 경쟁하지 않는다'는 TSMC의 경영 철학이 다시 한번 위력을 발휘한 겁니다.

애플을 비롯해 엔비디아, AMD 등 TSMC의 고객층은 갈수록 두꺼워졌습니다. 시장조사업체 트렌드포스에 따르면 TSMC의 2023년 4분기 전 세계 파운드리 시장점유율은 61.2%로 집계되었습니다. 삼성전자는 11.3%에 머물렀습니다.

TSMC의 실적도 큰 폭으로 뜀박질하면서 2022년에 처음으로 삼성전자를 제치고 세계 반도체 업계 매출 1위에 올랐습니다. 2023년에는 668억달러의 매출을 올려 인텔(514억달러), 엔비디아(495억달

TSMC 시총 변화

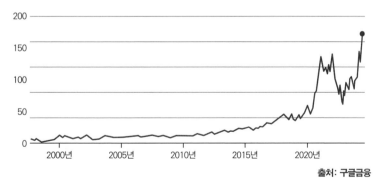

출처: 구글금융

러), 삼성전자 반도체 부문(459억달러)을 밀어내고 정상 자리를 지켰습니다.

TSMC는 최첨단 양산 기술인 3나노 공정을 선도하고 있습니다. 3나노 반도체는 소비자 제품 가운데 처음으로 애플의 아이폰15 프로, 프로맥스에 탑재되기도 했습니다.

TSMC는 2026년 하반기에 1.6나노 공정 양산을 시작한다는 계획을 세웠습니다. 앞서 TSMC는 2025년 2나노, 2027년 1.4나노 청사진을 발표한 바 있습니다. 전문가들은 TSMC의 역량을 볼 때 경쟁자들이 한동안 격차를 좁히는 것이 쉽지 않다고 평가합니다. 하지만 초미세 공정 기술 경쟁이 심화되면서, 파운드리 판도가 순식간에 뒤집힐 수 있다는 시각도 있습니다.

"마약보다 희귀하다" '**GPU 시대**' 연 엔비디아

2024년 1월 미국 라스베이거스에서 열린 세계 최대 전자·정보기술 (IT) 전시회 'CES 2024'. 전시장 한구석의 유모차가 관람객들의 시선을 끌었습니다. 유모차는 느린 속도로 홀로 주행하다 신호등이나 사람 앞에서는 멈추어 섰습니다. 아이의 편안한 수면을 돕기 위해 앞뒤로 흔들리는 동시에 조용한 백색 소음도 제공합니다. 2020년 출범한 캐나다 스타트업 글룩카인드의 인공지능(AI) 유모차 '로사' 제품입니다. 이 제품은 CES 2024에서 혁신상을 받았습니다. 로사에는 엔비디아의 칩이 내장되었습니다.

이 회사는 엔비디아 최고경영자(CEO) 젠슨 황과도 관계를 맺으면서 협업도 이어간다고 합니다. 글룩카인드 케빈 황 최고경영자

(CEO)는 "우리는 고객일 뿐만 아니라 젠슨 황의 팬"이라며 "엔비디아의 칩을 바탕으로 기술 혁신을 이뤘다"고 설명했습니다.

엔비디아의 혁신 반도체 기술은 AI 시대를 견인하고 있습니다. 1993년에 젠슨 황이 세운 이 회사가 출범 30여 년 만에 세계 최대 반도체 업체로 도약한 배경은 무엇일까요?

출범 직후 존폐위기, 3D 게임 뜨며 기사회생

1990년 초, 미국 반도체 업체 AMD 출신의 젠슨 황과 선마이크로시스템즈 출신의 크리스 말라초프스키, 커티스 프림은 실리콘밸리에 있는 패밀리 레스토랑 '데니스'에 자주 드나들었습니다. 데니스에서 이들 셋은 유명한 '진상 고객'이었습니다. 커피 몇 잔을 시켜놓고 반나절이나 자리를 지키면서 이런저런 작업을 하자 식당 뒤편으로 쫓겨나는 일도 생겼습니다.

젠슨 황은 스탠퍼드대학교 졸업 후 현재 엔비디아의 경쟁사인 AMD에서 CPU 설계 업무를 배웠고, 이때 동료들과 함께 CPU 사업을 진행할 계획도 세웠습니다. 당시 CPU 시장에는 이미 인텔, AMD 등 쟁쟁한 경쟁자가 존재했습니다.

이에 그들은 PC의 가능성에 주목하며 색다른 칩을 구상합니다. 사무실에서 업무용으로 주로 쓰는 PC가 게임과 영상기기로 활용될

엔비디아 캘리포니아 본사

출처: 엔비디아

것이라고 예상한 것이죠. 게임을 즐기던 젠슨 황은 게임 특화 그래픽 칩셋을 만들기로 가닥을 잡습니다. 그리고 3차원(3D) 그래픽을 빠르게 구현하고 처리하는 반도체를 생산하기로 합니다.

1995년 이들은 1천만달러를 들여 최초의 그래픽 칩셋인 'NV1'을 출시했습니다. 하지만 이 제품은 성능에 비해 너무 비싼 가격으로 시장의 외면을 받습니다. 엔비디아는 일본 게임업체인 세가(SEGA)로부터 상당한 자금을 지원받습니다. 세가가 차세대 게임기용 그래픽 칩셋 개발을 위탁하면서 수백만달러를 투자하기로 한 것입니다. 엔비디아는 후속 그래픽 칩셋인 'NV2'를 다시 개발합니다. 하지만 전작처럼 '가성비'가 떨어진다는 이유로 출시가 좌절되었고, 회사는 파산 위기에 직면합니다.

젠슨 황은 1997년 공중분해 위기에 몰린 엔비디아를 추스른 뒤, 돈을 긁어모아 후속작 'NV3'를 내놨습니다. 이른바 제품명 '리바 128'의 등장입니다. 이것마저 실패한다면 엔비디아는 재기 불능의 상태까지 몰릴 우려가 컸습니다. 하지만 당시 쏟아진 3D 게임 덕분에 기회를 잡게 됩니다. 3D 그래픽 처리장치인 이 제품은 당시 등장한 퀘이크, 파이널판타지7, 레인보우식스 등 3D 게임을 실감나게 구현하면서 상당한 호평을 받습니다.

1990년대 초반까지 CPU가 컴퓨터 그래픽을 처리했습니다. 하지만 머리카락 한 올까지 정밀하게 구현하는 등 그래픽 수준이 높아지면서 이를 전문으로 처리하는 장치 수요가 커졌습니다.

엔비디아는 리바 128 성공을 계기로 첫 GPU 대표 제품인 '지포스 256'을 내놨습니다. GPU는 컴퓨터에서 픽셀(조각) 단위의 대용량 그래픽 정보를 빠르게 처리해 결과 값을 모니터에 출력하는 장치입니다. GPU는 프로세서 기능을 확보하면서 지위가 CPU와 대등할 만큼 격상된 제품입니다. 인텔의 CPU와 경쟁하겠다는 의지가 담겼죠. 당시 반도체 업체들은 GPU의 이름과 등장을 대단찮게 생각했습니다.

2000년대 들어서 엔비디아는 AMD와 함께 GPU 시장을 양분하는 회사로 발돋움했습니다. 하지만 젠슨 황은 GPU 업체를 넘어 더 큰 야심을 가졌습니다. GPU가 CPU를 능가할 것이라고 예견하고 대규모 투자를 이어갔습니다. CPU는 입력된 순서대로 하나씩 정보를 처리합니다. 이에 비해 GPU는 한꺼번에 여러 정보를 동시에 처리(병렬 연산)합니다. 그만큼 다수의 픽셀이 모인 그래픽을 동시에 빠르게 처리하는 데 유리합니다. 향후에 엔비디아는 GPU가 AI 심화 학습(딥러닝)에 적합하다는 것도 알게 됩니다. 병렬 연산을 앞세운 GPU의 빅데이터 처리 속도가 CPU를 압도하기 때문입니다.

AI 시장까지 접수하게 된 비결

젠슨 황은 소프트웨어 개발에도 나섭니다. 2006년 100억달러를 투입해 프로그래밍 플랫폼인 '쿠다'를 선보였습니다. 쿠다는 게임용으로 활용되던 GPU의 사용 범위를 넓히기 위해 개발된 플랫폼입니다. 엔비디아는 자체 칩에서만 작동하는 쿠다를 모든 이에게 무료로 배포합니다.

2010년대 초반 학술대회에서 쿠다를 사용한 연구진이 "AI 학습과 연산에 GPU가 CPU보다 효율적"이라고 발표합니다. 이를 계기로 GPU가 주도하는 AI 시대가 열리게 됩니다. AI 개발자 사이에서 쿠다는 핵심 소프트웨어로 자리 잡습니다. 5만 곳이 넘는 기업이 쿠다를 활용하기 위해 엔비디아의 칩을 구매했고, 그만큼 GPU 시장도 커졌습니다.

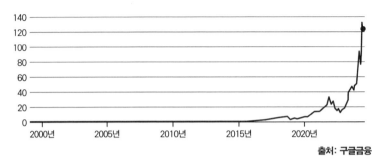

엔비디아 시총 변화

출처: **구글금융**

챗GPT와 같은 생성형AI를 개발하려면 엔비디아의 GPU가 반드시 필요합니다. 구글, 아마존, 마이크로소프트 등 빅테크들은 데이터센터 성능을 높이기 위해 엔비디아의 칩 매입에 사활을 걸고 있습니다. GPU는 자율주행차와 암호화폐 채굴기 등에서도 사용됩니다. GPU가 품귀현상을 빚는 이유입니다. 최신 GPU는 2023년에 개당 3천만원이 넘기도 했습니다.

엔비디아는 GPU 시장의 90%를 장악하고 있습니다. GPU 수요가 몰린 결과 제품을 받기까지 1년이 걸리기도 합니다. 비싸지만 '웃돈'을 얹어서라도 구하려는 수요가 몰리고 있습니다. "마약보다 구하기 어렵다(일론 머스크 테슬라 CEO)"라거나 "결혼 혼수품이 될 것(김정호 KAIST 교수)"이라는 말까지 나옵니다.

GPU 쟁탈전이 벌어지자 엔비디아의 '몸값'도 뜀박질하고 있습니다. 2024년 이 회사의 시가총액은 2천조원을 돌파해 한국의 유가증권시장 전체 몸값을 처음 넘어섰습니다.

하지만 엔비디아 독주체제가 이어질지는 미지수입니다. 경쟁사인 인텔 등이 자체 AI칩을 개발하고 나선 결과입니다. 인텔은 2024년 열린 '인텔 비전 2024' 행사에서 AI 가속기 '가우디3'를 출시한다고 밝혔습니다. 인텔은 "엔비디아의 최신 GPU보다 전력 효율이 2배 이상 높고 AI 모델을 1.5배 더 빠르게 실행할 수 있다"고 설명했습니다.

구글, 아마존, 마이크로소프트 등 빅테크의 '탈(脫) 엔비디아' 움직임도 포착되었습니다. 높은 가격과 허술한 공급망을 다변화하려는 수요도 커지고 있습니다.

하지만 경쟁자들이 엔비디아 GPU의 성능을 능가하려면 상당한 시간이 걸릴 것이라는 분석이 지배적입니다. 그만큼 엔비디아 독주체제가 당분간은 이어질 전망입니다.

"엔비디아 독주 막겠다" '대항마'로 나선 AMD

AMD는 CPU 업계의 '만년 2위'라는 꼬리표를 달았던 비운의 회사라고 볼 수 있습니다. CPU 역사에 여러 획을 긋는 다양한 제품을 선보였지만 늘 인텔의 그늘에 가려져 있던 곳입니다. 다소 실험적이었던 제품을 출시해서 절체절명의 위기를 맞기도 했습니다. 그러나 현재는 인텔과 엔비디아 모두를 긴장시키는 거대 '대항마'로 자리매김했습니다.

AMD는 1969년 반도체 회사 페어차일드 출신들이 설립한 회사입니다. 어드밴스트 마이크로 디바이시즈(Advanced Micro Devices)의 약자인데, '진보한 반도체 기기'라는 사명에 걸맞게 초기에는 다른 반도체 업체들의 복제품을 제조하는 업체였습니다.

지금으로서는 상상할 수 없는 일이지만 당시에는 반도체 생산 시스템이 안정적이지 않았기 때문에 만약의 사태를 대비해 세컨드 소스 공급 계약을 체결하는 경우가 있었습니다. AMD는 주로 인텔로부터 라이센스를 받아 인텔 제품과 똑같은 복제품을 생산했습니다. AMD가 두각을 나타낸 건 이런 복제품을 본사보다 훨씬 더 잘 만들게 되면서입니다. 인텔의 제조 기술을 오랫동안 공유하면서 기술력을 키웠고, 특정 성능에서는 인텔을 뛰어넘게 된 것입니다.

1999년 애슬론(Athlon)을 시작으로 독자적인 프로세서를 출시하기 시작했습니다. 2000년에는 인텔보다 이틀 먼저 세계 최초로 1Ghz(기가헤르츠)의 CPU를 발표하며 인텔에 쓴 패배를 남깁니다. 그때부터 인텔과 AMD의 CPU 시장을 둘러싼 치열한 전쟁이 벌어지게 됩니다.

'인텔' 경쟁자에서 '엔비디아' 경쟁자로

당시 AMD의 프로세서는 인텔 제품과 성능은 비슷하고 가격은 저렴했습니다. 가성비가 좋다 보니 델 등 주요 PC 업체들이 AMD 프로세서를 채택하기 시작했습니다. CPU 원조 강자 인텔이 AMD의 추격을 따돌리고자 1조원을 주고 델을 매수하는 등 갖은 수법을 동원한 것을 보면 AMD가 얼마나 강력한 경쟁자였는지 알 수 있습니다.

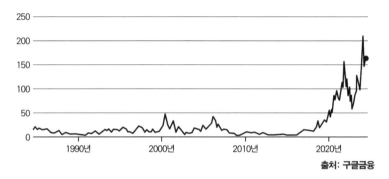

AMD 시총 변화

출처: 구글금융

　AMD에도 암흑기는 존재했습니다. 2010년대 초반 야심차게 내놓은 새로운 CPU '불도저'가 성능 저하 논란으로 시장에서 혹평을 받았습니다. 미국 소비자들에게는 소송까지 당했습니다. 한때 인텔과 비등하던 주가는 1.6달러까지 폭락하며 무디스로부터 '투자 부적격' 신용등급을 받기도 했습니다. CPU와 GPU를 결합한 가속처리장치(APU)도 연이어 실패하며, AMD는 시장에서 '재기가 불가능한 회사'라는 말까지 나왔습니다.

　파산 직전의 AMD를 되살린 인물이 지금 대표이사를 맡고 있는 리사 수 CEO입니다. 게이머들 사이에서 리사 수는 '빛사수'라고 불릴 정도로 찬양 받는 인물입니다. 리사 수는 APU를 콘솔 게임 업체에 공급하며 시장 수요를 되살렸고, AMD의 운명을 바꾼 새로운 CPU '라이젠' 시리즈를 성공적으로 개발하고 출시했습니다.

　라이젠 시리즈부터 제2의 AMD 전성기가 열립니다. 물론 CPU 시장에서 인텔을 넘어서진 못했지만 PC CPU 시장에서 약 30%의 안정적인 점유율을 확보하고 있습니다. 전체 CPU 시장에서도 2024년 1분기 판매량 기준 20.6%를 차지하고 있습니다.

AMD는 '만년 2위'를 넘어 그 다음 단계를 준비하고 있습니다. CPU와 AI 반도체 시장에서 인텔과 엔비디아에 반격하는 모양새입니다. 앞서 파운드리 챕터에서 언급되었듯, 맞춤형 칩 시대가 열리면서 CPU와 GPU의 경계가 무너지고 있습니다. AMD는 이런 격변의 시기를 기회로 보고 오랜 CPU 업력과 다수의 GPU 개발 경험을 살린 새로운 제품을 연이어 선보이고 있습니다.

2024년 6월에 열린 대만 컴퓨텍스에서 리사 수 CEO는 AI 가속기 '인스팅트 MI325X'를 연내 출시할 것이라고 밝혔습니다. 비교군으로 엔비디아의 H200 제품을 꼽으며 "메모리 용량은 2배, 메모리 대역폭은 1.3배, AI 모델 사이즈는 2배 향상될 수 있다"고 강조했습니다. 이와 함께 차세대 AI PC용 CPU '라이젠 AI 300' 시리즈와 노트북 및 데스크탑용 '라이젠 9000' 시리즈를 공개하며 인텔 코어 제품과 성능 비교를 하기도 했습니다.

외신들은 현존하는 회사들 중 엔비디아의 가장 큰 경쟁자는 AMD라고 보고 있습니다. 파산 직전까지 갔던 회사를 되살린 리사 수의 리더십도 AMD의 경쟁력 중 하나로 꼽힙니다. 다만 엔비디아의 생태계가 당분간은 매우 공고할 전망이어서 '만년 2위' AMD가 얼마나 엔비디아를 흔들 수 있을지는 지켜봐야 할 부분입니다.

반도체 기업의 생존법칙

인공지능(AI)이 글로벌 산업 전반에 지대한 영향을 미치고 있습니다. 반도체도 마찬가지입니다. 이 과정에서 그래픽처리장치(GPU), 고대역폭메모리(HBM) 등이 급부상하고 있습니다. 각 분야에서 선두 주자인 엔비디아, SK하이닉스 등이 주목받는 배경입니다. 앞으로 반도체 시장은 이들이 현재 지위를 지켜낼지, 후발주자의 반격이 통할지 등에 따라 판도가 달라질 것으로 보입니다. 빠른 변화에 맞춰 신경망처리장치(NPU), 그래픽 D램, 컴퓨트 익스프레스링크(CXL) 등이 기존 AI 반도체의 대안으로 떠오르기도 합니다. 이를 다루는 기업들 역시 AI 시대의 주연으로 거듭나기 위해 노력중입니다.

'미래 반도체', 이것을 주목하라

진정한 AI 시대가
개막한 시점은 2023년

첨단산업의 핵심으로 꼽히는 반도체가 빠르게 진화하고 있는 이때, 현재 세대가 스마트폰과 데이터센터 기반으로 구축되었다면 다음 세대의 중심은 단연 인공지능(AI)으로 꼽힙니다.

AI라는 개념이 나온 지는 오래되었지만 진정한 AI 시대가 개막한 시점은 2023년이라고 할 수 있습니다. 오픈AI의 '챗GPT'가 등장했기 때문입니다.

구글 딥마인드의 '알파고'와 이세돌 9단의 대국이 펼쳐진 2016년만 해도 AI는 신선한 충격 또는 막연한 미래 정도에 그쳤습니다. 즉 AI 수준이 상당히 발전했다는 사실을 확실하게 인지했지만 현실 감각은 떨어질 수밖에 없었습니다.

2016년 이세돌 9단과 알파고의 대국 모습

출처: 구글

7년이라는 시간이 흘러 전반적인 기술력이 상대적으로 높아진 만큼 알파고와 챗GPT를 일대일로 비교하기는 어려우나 가장 큰 차이는 대중의 체감이 아닐까 싶습니다. AI와 프로기사가 바둑을 두는 장면을 바라보던 이들이 실제로 AI를 경험하게 된 것입니다. 성큼 다가온 AI에 대한 대중의 시선은 크게 달라졌습니다.

이렇게 챗GPT는 단기간에 많은 변화를 가져다줬습니다. 반도체 산업도 마찬가지였으나 영향은 그 이상이었습니다. 단순히 제품이 바뀌거나 성능이 향상되는 것을 넘어 구조 자체가 재편되는 '터닝 포인트'로 작용한 것입니다.

앞서 언급한 대로 그동안 PC, 서버 등 주요 반도체 응용처는 폰 노이만 구조라는 시스템을 기반으로 작동되어왔습니다. 하지만 컴퓨터가 다루는 데이터의 양이 방대해지면서 폰 노이만 구조의 한계가 드러납니다. 고속 컴퓨터 설계에서 병목 현상이 나타나게 된 것입니다. 폰 노이만 구조에서는 중앙처리장치(CPU)와 메모리를 연결하는 통로(버스)를 통해 데이터가 이동하며 연산을 수행합니다. CPU가 아무리 빨라도 한 번에 수많은 데이터 처리를 요구하면 과부하로 데이터 이동이 지연되고 성능이 저하될 수밖에 없을 겁니다.

이를 개선하고자 역할을 변경한 반도체가 있습니다. 그래픽처리장치(GPU)가 주인공입니다. GPU는 이름 그대로 이미지, 영상 등 그래픽 처리를 위한 대량 연산을 수행하기 위해 탄생했습니다.

CPU=여왕개미 vs. GPU=일개미군단

GPU는 그래픽 처리에 필요한 계산에 초점을 맞춰 복잡한 명령을 대량 수행하는 형태입니다. 쉽게 말해 GPU는 수천 명의 일꾼(코어)이 대량 업무를 동시(병렬)에 작업하는 구조입니다. CPU가 똑똑한 소수의 일꾼이 순차적으로 연산하는 것이라면, GPU는 덜 똑똑한 다수의 일꾼이 개별적으로 연산하는 셈입니다. 어려운 연산을 쉽게 처리하느냐, 단순한 정보를 빠르게 처리하느냐의 차이입니다.

이 같은 특성으로 GPU는 비트코인 열풍 속에서 각광을 받은 바 있습니다. 비트코인은 수학 문제를 풀고 보상을 받는 식으로 채굴하

'미래 반도체', 이것을 주목하라

세계 최초 GPU인 'GeForce 256'

출처: 엔비디아

는데, 이때 한 번에 다양한 연산을 수행할 수 있는 GPU가 채굴기의 핵심으로 부상한 것입니다. 몇 명의 엔지니어보다 수십, 수백 명의 광부가 투입되면 더 많은 보석을 채굴할 수 있는 것과 같은 원리입니다.

GPU 최강자 엔비디아는 2000년대부터 GPU의 병렬 연산 특징이 게임 화면 개선 외 다른 용도로 활용할 수 있다는 것을 눈치챘습니다. 엔비디아는 게임용이 아닌 범용 GPU를 구현하고자 '쿠다'라는 플랫폼을 개발합니다.

쿠다의 등장 전까지만 해도 게임을 제외한 대부분의 프로그램이 CPU 명령어 세트를 사용했습니다. CPU는 하나의 계산을 끝내고 다음 계산으로 넘어가다 보니 병렬 연산이 필요한 분야에서는 쓰기

194

가 애매했습니다. 쿠다는 CPU가 아닌 GPU를 적용해서 프로그램을 구동시키는 플랫폼인데, 이로써 프로그래머들에게 또 다른 선택지가 주어진 것입니다.

같은 C언어를 쓴다는 부분도 장점이었습니다. 지금까지도 쿠다 기반으로 엔비디아의 그래픽 카드가 만들어지고 있습니다. 이는 GPU 시장에서 엔비디아가 독점적 지위를 갖게 된 주요 요소 중 하나로 여겨집니다.

일련의 과정을 통해 엔비디아는 GPU를 PC, 게임기 등이 아닌 데이터센터 등에도 투입하게 됩니다. 여러 학술대회에서 쿠다를 적용한 연구진들이 'AI 학습 및 추론에 CPU보다 GPU가 더 효율적'이라는 결과를 연이어 도출하면서 GPU는 미래 AI 시대의 필수재로 떠올랐습니다.

다만 AI 시대가 본격적으로 열리기 전까진 GPU는 가속기로서 CPU를 보조하는 데 그쳤습니다. 폰 노이만 구조 아래 여전히 CPU가 메인이었던 것입니다. 하지만 AI 서버는 일반 서버와 차원이 다른 데이터 양과 처리 속도를 요구했고, 이에 갈수록 GPU 가치는 높아져만 갔습니다.

GPU와 친구이자 단짝은 HBM

이제는 익숙한 개념이 되었지만 처음에는 이름조차 생소했던 딥러닝(Deep Learning)은 컴퓨터가 스스로 외부 데이터를 조합 및 분석해 학습하는 기술입니다. 딥러닝의 고안으로 AI가 획기적으로 발전했다는 평가가 나올 정도입니다.

딥러닝은 빅데이터를 분석해 AI 시스템 스스로 학습하는 머신러닝(Machine Learning)에 인간의 뇌를 모방한 신경망 네트워크를 적용시킨 알고리즘입니다. 인간의 두뇌가 수많은 데이터 속에서 패턴을 발견한 뒤 사물을 구분하는 것과 유사한 방식입니다.

현재 AI에는 딥러닝이 밑바탕을 이루는데, 딥러닝 역시 GPU처럼 병렬 연산 가능한 반도체와 궁합이 좋았습니다. GPU보다 더 간단

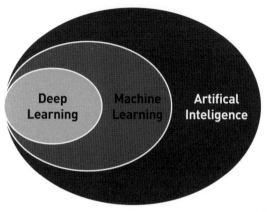

DL, ML, AI 구조도

Deep Learning

Machine Learning

Artifical Inteligence

출처: 도비스 에듀

한 연산을 더 빠르게 처리할 수 있는 신경망처리장치(NPU)도 대안으로 뜨고 있지만 아직 완성도 측면에서 GPU가 앞서는 만큼 GPU 우위가 당분간 이어질 것으로 관측됩니다.

AI 반도체로 거듭난 GPU와 함께 주목받는 것이 고대역폭메모리(HBM)입니다. CPU 중심으로 구성된 일반 서버와 달리 GPU 중심의 AI 서버는 훨씬 방대한 데이터를 저장해야 하기 때문에 더 크고 빠른 메모리가 필요한데, 이 자리를 차지한 것이 HBM입니다.

메모리에는 다양한 특성이 있습니다. 대역폭, 반응 속도, 용량 등이 대표적입니다. 대역폭은 한 번에 메모리에서 빼낼 수 있는 데이터의 양을 뜻합니다. 반응 속도는 CPU나 GPU 요청이 들어왔을 때 얼마나 빨리 반응을 할 수 있는지를 의미합니다. 용량은 메모리 안에 얼마나 많은 데이터를 담을 수 있는가를 나타내는 지표입니다.

메모리를 데이터 창고로 비유해보겠습니다. CPU나 GPU는 데이터를 만드는 공장이라고 할 수 있습니다. 대역폭은 공장에서 창고로 들어오는 도로의 너비, 반응 속도는 도로 위 트럭들의 속도, 용량은 창고의 크기라고 생각할 수 있습니다.

HBM은 여러 개의 D램을 쌓아 만드는 고부가 메모리입니다. HBM은 1세대(HBM)-2세대(HBM2)-3세대(HBM2E)-4세대(HBM3)-5세대(HBM3E)-6세대(HBM4) 순으로 개발되고 있습니다. 2024년 최신 버전은 HBM3E고, 2025년부터는 HBM4가 등장할 것으로 예상됩니다.

세대를 거듭할수록 층수가 4단, 8단, 12단으로 높아지는데, 주요

HBM3 구조도

출처: SK하이닉스

업체들은 16단, 20단 제품까지 준비중입니다. 적층 과정에서 핵심은 실리콘관통전극(TSV) 기술입니다.

구슬이 서말? D램 꿰어낸 HBM 성공

TSV는 수천 개의 미세 구멍을 뚫어 전기적 신호가 수직 관통하는 얇은 금속 터널(전극)로 위아래 칩을 연결하는 패키징 방식입니다. 이를 통해 데이터 전송 속도의 지연을 최소화하고, 적은 전력으로 많은 양의 데이터를 처리할 수 있게 됩니다. 해당 전극이 데이터가 이동하는 엘리베이터 역할을 하는 셈입니다. 현시점에서는 층마다 1천24개 입출구(I/O)가 구현된 상태입니다. 향후 2배(2천48개)로 늘어날 것으로 보입니다. 엘리베이터(I/O)가 늘어나면 한 번에 더 많은 데이터를 더 빠르게 움직일 수 있을 겁니다.

이름 그대로 HBM은 대역폭이 높은 반도체입니다. 앞서 대역폭을 창고로 들어오는 도로의 너비로 비유했는데, 차선이 넓어지면 교통 흐름이 원활하게 되는 것처럼 엘리베이터가 많을수록 건물 이용객의 이동이 수월해지는 식입니다.

추후 관건은 TSV 지름을 줄여 한 층에 최대한 많은 I/O를 배치하는 것입니다. 구멍을 뚫는 식각 기술과 관련 소재 성능의 발전 여부에 따라 대역폭이 더욱 높아질 수 있겠습니다.

'미래 반도체', 이것을 주목하라

TC-NCF 및 MR-MUF 설명

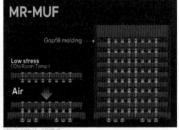

TC-NCF: NCF라는 특수 필름을 활용

MR-MUF: MUF라는 액체성 소재를 활용

자료: SK하이닉스, 삼성증권

자료: SK하이닉스, 삼성증권

출처: SK하이닉스, 삼성증권

TSV만큼이나 중요한 것이 D램들을 부착하는 기술입니다. 호텔, 아파트 등에는 엘리베이터만 있는 것이 아니라 층마다 기둥이 있습니다. HBM에서는 그 기둥을 범프라고 부릅니다. SK하이닉스와 삼성전자는 같은 TSV 기술을 사용하지만 범프 기술은 사뭇 다릅니다.

SK하이닉스는 'MR-MUF(Mass Reflow-Molded Under Fill)'라는 공정을 사용하는데, 적층한 칩 사이에 보호재를 넣은 후 전체를 한 번에 굳히는 방식입니다. 해당 보호재는 오염과 열로부터 보호해줄 수 있는 끈적한 액체입니다. 쉽게 말해 리플로우(Reflow)는 쿠키를 구울 때처럼 대형 오븐에 여러 개 칩을 한꺼번에 집어넣고 한증막 같은 오븐 안에서 납을 녹이면서 때우는 방식입니다. 매스(Mass)가 붙은 만큼 대량 생산에 유리하다는 평가를 받습니다.

삼성전자의 경우 'TC-NCF(Thermal Compression Non Conductive Film)'로 대응중입니다. 칩을 하나씩 쌓을 때마다 필름형 소재를 깔

아주는 방식입니다.

TC는 열압착의 일종입니다. 다리미 같은 장치로 눌러서 붙이는 식입니다. 이때 NCF라는 절연 필름을 덧대고 일정 온도가 넘어서면 NCF가 녹으면서 칩들이 고정됩니다. 다만 열 방출 등에서는 MR-MUF에 대비해 떨어지는 것으로 알려져 있습니다. NCF 점도가 높으면 범프 중간에 접합 이슈가 발생하고, 점도가 낮으면 범프 간 붙는 현상이 발생하기 때문입니다. 이에 삼성전자는 전용 필름을 개선해 '어드밴스드 TC-NCF'로 완성도를 높이고 있습니다. SK하이닉스 역시 '어드밴스드 MR-MUF'를 도입한 상태입니다.

HBM4까지는 MR-MUF vs TC-NCF 구도가 이어질 예정이지만 7세대(HBM4E)를 기점으로 사뭇 달라질 것으로 보여집니다. 양사는 '하이브리드 본딩'이라는 공통된 기술로 맞대결을 펼칠 전망입니다. 16단을 넘어가면 기존 방식이 한계에 직면하기 때문입니다.

하이브리드 본딩은 칩 연결에 활용되는 소재인 솔더볼 또는 범프를 쓰지 않고 칩과 웨이퍼 구리 배선을 직접 붙이는 부착 방식입니다. 배선 역할을 할 곳에 구멍을 뚫어 구리를 넣고 샌드위치처럼 포개버리는 과정을 거칩니다. 범프가 없기 때문에 층고가 낮아져 신호 전달이 더 빨라지고, 전력 효율 등도 좋아집니다. 대신 그만큼 고난도이고 소재, 장비 등도 달라져야 해서 제조사로서는 선택과 집중을 해야 하는 사안입니다. 이러한 이유로 최대한 MR-MUF와 TC-NCF를 활용한 뒤 하이브리드 본딩으로 넘어갈 것으로 예상됩니다.

HBM 높이 쌓는 기술

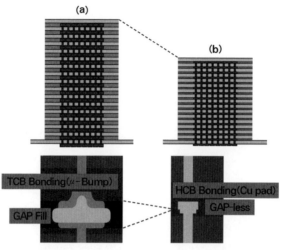

기존 TC-NCF 방식(a)과 하이브리드 본딩(b)의 비교

출처: 삼성전자

    HBM이 대세로 떠오르면서 다소 관심도가 떨어진 제품이 그래픽 D램(GDDR)입니다. GDDR은 PC, 게임기 등의 영상과 그래픽 처리를 담당하는 초고속 D램입니다. 일반 D램(DDR)보다 많은 용량의 데이터를 한 번에 소화할 수 있습니다.

    AI 영역 확산으로 최근 GDDR을 미들·로우엔드 AI 서버 등에 활용하는 방안이 검토되고 있습니다. HBM보다 값싼 가격과 DDR 대비 고성능이라는 특징이 절묘하게 어우러진 결과입니다.

    GDDR 역시 HBM처럼 세대가 나뉩니다. 차세대인 GDDR7이 상용화를 앞두고 있습니다. 2024년 1분기 국제반도체표준협의기

삼성전자의 GDDR7 D램

출처: 삼성전자

구(JEDEC)에서 GDDR7 기준을 공식화한 덕분입니다. GDDR7은 GDDR6 대비 대역폭을 2배 키우고 전력 소모량은 20~30% 줄인 것이 특장점입니다.

업계에서는 역할이 유사한 HBM과 GDDR이 서로의 시장을 빼앗기보다는 각각 전성비(전력 대비 성능 비율), 가성비(가격 대비 성능 비율)라는 장점에 따라 수요층이 갈릴 것으로 분석합니다. 앞으로 HBM 못지않은 GDDR의 활약이 기대되는 배경입니다.

실제로 게임기, 확장현실(XR) 기기 등에서도 GDDR 도입 가능성이 제기됩니다. 삼성전자와 SK하이닉스는 GDDR7 양산에 속도를 내고 있습니다. 두 회사는 HBM만큼은 아니어도 GDDR7 생산능력(캐파) 및 성능 향상에 적지 않은 공을 들이고 있습니다.

'미래 반도체', 이것을 주목하라

끝없는 메모리의 진화, 성능은 올리고 비용은 낮추고

HBM과 GDDR 모두 AI 시대에서 중요한 임무를 수행할 것입니다. 두 제품의 근간을 이루는 D램도 세대를 거듭하면서 발전하고 있습니다. 원재료 격인 D램 성능이 향상될수록 HBM과 GDDR도 더 좋아질 수밖에 없을 것입니다.

D램은 수억 개의 셀(저장소)로 구성되는데, 1b(비트)가 셀 하나입니다. 셀은 데이터를 제어하는 트랜지스터와 저장하는 커패시터(capacitor)의 조합으로 이뤄집니다. 다르게 표현하면 트랜지스터는 전하를 흐르게 하고, 커패시터는 전하를 담습니다. 이는 '1T1C' 구조로 불립니다. 셀이 트랜지스터로만 이뤄지는 낸드플래시와의 차

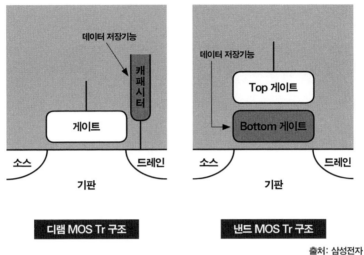

D램 및 낸드플래시 구조

데이터 저장기능

캐패시터

게이트

소스   드레인

기판

데이터 저장기능

Top 게이트

Bottom 게이트

소스   드레인

기판

디램 MOS Tr 구조   **낸드 MOS Tr 구조**

출처: 삼성전자

이점입니다. 참고로 트랜지스터 스위치인 워드라인과 데이터가 흘러 다니는 비트라인이 셀을 작동시킵니다.

과거 D램은 평면에 트랜지스터와 커패시터를 늘어놓는 형태였습니다. 하지만 1980년대 후반 D램 용량이 4M(메가비트)를 넘어가면서 밀도 향상이 어려워졌고, 회로와 저장소 배치 변경이 불가피했습니다. 당시 업계는 회로와 저장소를 밑으로 파는 '트렌치'와 위로 올리는 '스택' 진영으로 나뉘었습니다.

일본 도시바·NEC와 미국 IBM 등은 트렌치, 삼성전자는 스택을 선택했습니다. 당시 삼성전자는 표면적으로 수월하고 이슈 발생 시 확인이 용이한 점을 고려해 스택을 채용했다는 후문입니다. 결과적으로 삼성전자가 30년 넘게 D램 1위 자리를 유지한 비결이 되었습니다.

스택이 보편화된 이후부터는 셀 크기를 축소하거나 간격을 줄이는 방식으로 D램 성능을 끌어올렸습니다. 낸드와 달리 커패시터가 존재하기 때문에 추가 적층이 어려워 이러한 방법으로 셀 숫자를 키웠습니다.

최근 D램은 1세대(1x)-2세대(1y)-3세대(1z)-4세대(1a)-5세대(1b)-6세대(1c) 순으로 개발되고 있습니다. 1x, 1y 등은 선폭이 10나노대임을 의미합니다. 선폭은 트랜지스터 안에서 전하가 이동하는 통로(채널)의 폭을 나타냅니다. 1x는 10나노대 후반이고, 2024년 하반기 기준 양산되고 있는 최신 제품인 1b는 약 12나노라고 합니다. 삼성전자와 SK하이닉스는 1c 양산도 앞둔 상태여서 관련 기술 개발 및 양산 경쟁도 본격화할 것으로 예상됩니다.

이처럼 셀 간격을 좁혀가는 식으로 D램 성능을 높여왔는데, 미세한 회로패턴 구현이 점차 어려워지자 메모리 제조사는 노광 방식에 일부 변화를 줍니다. 불화아르곤(ArF)에서 극자외선(EUV)으로 빛의 종류를 바꾼 것인데, EUV는 반도체 공정 한계를 극복할 기술로 꼽힙니다.

13.5나노의 짧은 파장 덕분에 미세한 회로를 그리는 데 적합합니다. 노광 공정 횟수를 줄여 시간과 비용도 축소합니다. ArF로 수차례 패턴을 그리던 것(멀티패터닝)을 EUV로 한 번에 형성(싱글패터닝)

할 수 있는 덕분입니다.

삼성전자와 SK하이닉스는 1a D램부터 EUV 적용을 본격화했습니다. 1b D램도 마찬가지입니다. 그렇다고 해서 모든 노광 과정을 EUV로 처리하는 것은 아니고 아직까진 4~5개 레이어(층)에만 활용하고 있습니다. 1c 이상 세대로 가면 EUV 사용 빈도가 더 늘어날 것으로 보입니다.

문제는 기존 EUV도 물리적인 한계로 선폭을 줄이는 것이 점점 더 어려워진다는 것입니다. 선폭이 10나노 극초반인 1c부터 차세대 EUV인 '하이뉴메리컬어퍼처(NA)' 도입이 검토되는 이유입니다.

하이NA는 EUV 대비 렌즈 및 반사경 크기를 확대해 해상력을 0.33에서 0.55로 확대한 것이 특징입니다. 해상력은 렌즈나 감광 재료가 얼마나 섬세한 묘사가 가능한지를 나타내는 수치입니다. 반도

ASML의 하이NA 노광설비

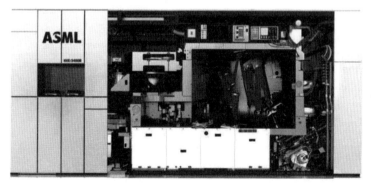

출처: ASML

'미래 반도체', 이것을 주목하라

체 업계에서는 1c D램부터는 EUV로도 멀티패터닝을 해야 할 것으로 보고 있습니다. 여기에 하이NA를 활용하면 싱글패터닝으로 끝날 수 있다는 계산입니다.

하이NA 도입으로 우려되는 비용 증가, 공정 완성도 저하 등은 해결해야 할 과제입니다. 하이NA 장비는 EUV 설비 대비 2배 이상 비싼 것으로 전해집니다. 삼성전자와 SK하이닉스는 2026년 전후로 하이NA 노광기를 확보할 예정인데, 이 시점에 맞춰 하이NA 기반 D램 등장 여부도 결정될 것으로 보입니다.

더 빨리 더 많이, 설계·소재 바꾼다

이외에도 트랜지스터 변경이 대안으로 거론됩니다. 시스템반도체에서 우선 적용된 '게이트올어라운드(GAA)'가 대상인데, 트랜지스터 게이트(전류가 드나드는 문)와 채널(전류가 흐르는 길)이 닿은 면을 4개[기존 핀펫(FinFET)은 3면]로 늘린 구조입니다.

4면이 접촉한다는 건 게이트가 채널을 완전히 감싼다는 의미입니다. 이를 통해 전류의 흐름을 보다 정밀하게 제어해 전력 소모를 줄이고 성능을 향상시킬 수 있습니다. 게이트에 전압을 가함으로써 채널의 전도율을 조절해 전류의 흐름을 온오프(on/off) 상태로 통제하는 것입니다. 트랜지스터 성능, 스위칭 속도가 빨라져 전자 기기의

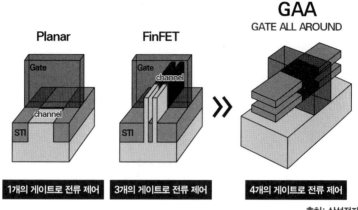

트랜지스터 변화 모습

Planar | FinFET | **GAA** GATE ALL AROUND

Gate / channel / STI

Gate / channel / STI

1개의 게이트로 전류 제어 | 3개의 게이트로 전류 제어 | 4개의 게이트로 전류 제어

출처: 삼성전자

처리 속도가 향상됩니다.

더불어 전류 누설이 줄어들어 전자 기기의 배터리 사용 시간도 길어집니다. 트랜지스터를 더 작게 만들 수 있어 칩 면적을 줄이고, 생산 비용을 낮출 수 있습니다.

채널이 와이어 형태에서 얇고 긴 모양의 나노시트로 달라지기도 했는데, 삼성전자에서는 이를 MBC(Multi Bridge Channel)라고 명칭합니다. 이로써 게이트와 채널이 닿는 면적을 재차 확장한 것입니다. 나노시트 사이즈에 따라 여러 트랜지스터 옵션을 지원할 수 있다고 합니다. 이러한 GAA가 D램에도 본격 적용된다면 엔지니어들의 여러 고민을 단숨에 해결해줄 수 있을 것 같습니다.

워드라인과 비트라인 소재를 텅스텐에서 몰리브덴, 루테늄 등으

MBCFET 구조

GAA
GATE ALL AROUND

MBCFET™
MULTI BRIDGE CHANNEL
FIELD EFFECT TRANSISTOR

Nanowire보다 넓은
Nanosheet 형태

더 많은
전류 흐름 가능

원하는 수준까지
소비 전력 경감

4개의 게이트로 전류 제어

4개의 넓은 게이트로 전류 제어

출처: 삼성전자

로 바꾸는 방안도 고려되고 있는데, 두 소재는 텅스텐 대비 비저항이 낮아 차세대 금속배선으로 주목받고 있습니다. 이렇게 하면 D램 선폭을 더 줄일 수 있는데, 아직 연구개발(R&D) 단계라 시간이 좀 더 필요한 상황입니다.

더 나아가 D램 구조를 바꾸는 방안까지 논의되고 있습니다. 현 상태의 D램은 하나의 층에 트랜지스터와 커패시터를 욱여넣어야 합니다. EUV 시대에 접어들면서 D램 내 트랜지스터 수가 수백억 개에 달하는데, 하나의 층에 이를 모두 집어넣기란 쉬운 일이 아닙니다. 트랜지스터 크기를 줄이는 데 한계치에 달하자 이를 층층이 쌓아 올리는 개념을 고안해냅니다. 이를 3차원(3D) D램이라고 부릅니다. HBM, 낸드 등처럼 적층 방식을 도용하는 셈입니다.

일부 셀을 수평이 아니라 수직으로 적층하는 것으로, 셀 간격에

3D D램 구조 설명

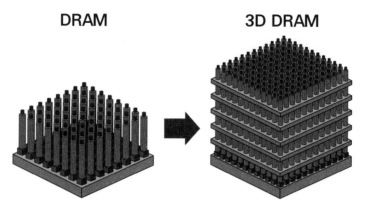

출처: 램리서치

여유가 생겨 간섭 현상이 줄면서 전력 효율성이 높아집니다. 셀을 아파트처럼 쌓는 만큼 단위 면적당 용량도 키울 수 있습니다. 이렇게 되면 칩 용량이 3배가량 커지는 것으로 관측됩니다.

3D D램은 기존 D램보다 작은 면적으로 고용량 데이터를 처리할 수 있는 것이 장점입니다. 그래서 스마트폰, 노트북 등 모바일 기기에 우선적으로 활용될 가능성이 크고, 중장기적으로는 자동차용으로도 쓰일 수 있습니다. 2030년이면 3D D램 시장이 1천억달러 규모에 이를 것으로 기대됩니다.

다만 구조 자체를 바꿔야 하는 만큼, 쉽지 않습니다. 전문가들은 3D D램은 기존 문제를 해결하는 동시에 새로운 문제를 만든다고 입을 모읍니다. 충분치 않은 전하 이동, 낮은 스루풋(단위 시간 내 데이터 처리능력), 생산 비용 급증 등이 난제로 꼽힙니다. 플랫폼이 달라졌기 때문에 다른 관리 포인트가 필요해지는 것입니다. 3D D램 상용화까지는 신소재 발굴, 물리적 장애물 극복 등이 우선 과제입니다.

'확장 또 확장', PIM·CXL의 힘

AI 서버 용량이 급속도로 커지면서 CPU 또는 GPU가 처리해야 할 데이터가 상상 이상으로 방대해졌습니다. 이에 따라 과부하 현상도 불가피합니다.

이에 메모리 업계는 HBM을 넘어 PIM(Processing In Memory)이라는 신제품 개발에 착수했습니다. PIM은 D램에 연산이 가능한 프로세서 기능을 더한 반도체입니다. 통상 메모리와 프로세서가 완전히 분리되어 두 칩 간 데이터가 오가는 과정에서 병목 현상이 잦았는데, 이를 어느 정도 해소할 수 있도록 메모리가 간단한 연산을 대신해주는 개념이 등장한 것입니다.

구체적으로 PIM은 PCU(Programmable Computing Unit)를 통해 메

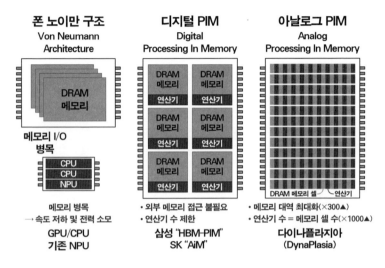

PIM 발전 방향

폰 노이만 구조 Von Neumann Architecture	디지털 PIM Digital Processing In Memory	아날로그 PIM Analog Processing In Memory

메모리 I/O
병목

CPU
CPU
NPU

DRAM 메모리 셀   연산기

메모리 병목
→ 속도 저하 및 전력 소모

- 외부 메모리 접근 불필요
- 연산기 수 제한

- 메모리 대역 최대화(×300▲)
- 연산기 수 = 메모리 셀 수(×1000▲)

GPU/CPU
기존 NPU

삼성 "HBM-PIM"
SK "AiM"

다이나플라지아
(DynaPlasia)

출처: 과학기술정보통신부

모리 내부에서 프로세싱을 가능하게 합니다. PCU는 뱅크에 AI 엔진을 통합하는 방식으로 메모리 안에서 일부 연산처리를 할 수 있게 합니다. 뱅크는 주기억장치를 구성하는 최소 논리적 단위를 일컫습니다.

PIM이 없는 시스템에서는 프로세서가 메모리로부터 명령어를 불러오고 실행하며 그 결과를 다시 메모리에 저장합니다. 이로 인해 다량의 데이터 이동이 필요합니다. 이와 달리 PIM을 활용하면 CPU와 메모리 간 데이터 이동이 줄어 AI 가속기 등의 성능과 에너지 효율을 높일 수 있는 것입니다. 이로써 기존 메모리 솔루션 대비 최대

4배나 성능을 개선할 수 있다고 합니다. CPU 내 멀티코어 프로세싱과 마찬가지로 PCU는 메모리 내 병렬 프로세싱을 구현하며 성능을 극대화합니다.

삼성전자는 더 나아가 HBM과 PIM을 합친 HBM-PIM을 고안해 냅니다. 고대역폭에 자체 연산까지 가능한 '괴물 메모리'를 만들겠다는 계획입니다. 이미 삼성전자는 AMD 등 GPU와의 테스트를 해 보는 등 사업화를 추진중인 것으로 알려져 있습니다. 기존 시스템 대비 평균 성능 2배 증가, 에너지 소모 50% 감소 등을 실현했다고 합니다.

SK하이닉스도 자체 브랜드를 준비중입니다. AiM(Accelerator in Memory)이 주인공입니다. GDDR6-AiM 기반 생성형 AI 가속기 카드인 'AiMX' 시제품을 2023년 하반기 선보인 바 있습니다.

저장도, 연산도 혼자 하는 '괴물메모리' PIM

물론 PIM은 아직 완전하지 않아 HBM처럼 본격적으로 투입되기까지는 시간이 필요하다는 분석이 지배적입니다. AI 열풍이 당분간 꺼지지 않을 전망이어서 PIM이 언제부터 제대로 된 역할을 맡을지가 주목됩니다.

메모리가 소화해야 할 용량이 급속도로 늘면서 단순히 제품을 고

CXL 구조 설명

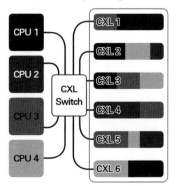

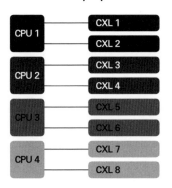

CXL 1.1 Memory Expansion

출처: 삼성전자

도화하는 것을 넘어 새로운 개념이 나타나기 시작했는데, 2019년 등장한 '컴퓨트 익스프레스링크(CXL)'가 대상입니다.

CXL은 메모리 채널과 다른 장치를 효율적으로 연결하는 고속 인터페이스를 일컫습니다. 구체적으로 컴퓨터 시스템 내부에서 다양한 컴포넌트 간에 데이터를 빠르게 전송하기 위한 기술인데, CPU와 함께 사용되는 가속기, 메모리, 저장장치 등을 연결하는 것이 특징입니다.

기존 CPU는 빠른 데이터 처리를 위해 단일 칩에 점점 더 많은 코어를 탑재하고 있습니다. AI 서비스용으로는 100개가 넘는 코어가 존재한다고 합니다. 코어 수가 늘수록 각 코어를 커버할 충분한 메모리가 따라와야 합니다.

다만 기존 더블데이터레이트(DDR) 인터페이스 기반 D램은 한정된 범위 내에서만 용량을 확장할 수 있어 궁극적으로 AI 시대에는 적합하지 않을 것으로 예상됩니다. 이렇게 되면 메모리와 CPU 간 성능 격차가 생겨 병목 현상이 발생하게 됩니다. 이를 넘어서기 위해 새로운 인터페이스 CXL이 도입되기 시작한 것입니다.

참고로 DDR은 국제반도체표준협의기구(JEDEC)가 정한 D램 규격입니다. 한 클럭 사이클 동안 두 번 데이터 신호를 송수신할 수 있다는 뜻입니다. DDR 2차선, DDR2 4차선, DDR3 8차선, DDR4 16차선, DDR5 32차선 수준으로 확대됩니다.

이전에는 장치마다 별도의 인터페이스가 존재해 서로 다른 인터페이스 간의 효율적인 연결이 어려웠습니다. 장치 간 통신 과정에서 다수의 인터페이스를 통과해 지연현상이 나타나기도 했던 겁니다. CXL의 경우 하나의 인터페이스로 통합할 수 있기 때문에 데이터 처리 속도 향상, 시스템 용량 및 대역폭 확장 등에 용이합니다.

저장공간 무한대로 확장, CXL의 장점

CXL은 이론상 D램 등을 무한대로 확장할 수 있습니다. 통신규약(프로토콜)을 하나로 묶어 데이터 흐름을 원활하게 하고 전력효율을 높여주기도 합니다. 인텔 주도로 마이크로소프트(MS), 알리바바, 시스

'미래 반도체', 이것을 주목하라

CPU와 CXL 메모리의 연결 모습

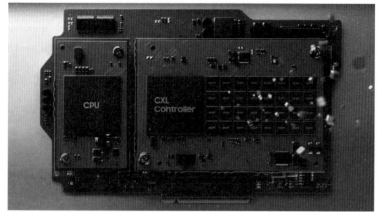

출처: 삼성전자

코, 델, 메타, 구글, HPE, 화웨이 등이 CXL 컨소시엄을 설립한 배경입니다. 현재는 삼성전자와 SK하이닉스, 오라클, 마이크론, 엔비디아 등도 합류한 상태입니다. D램 제조사 중에서는 삼성전자가 유일한 이사회 멤버입니다.

삼성전자는 2021년 업계 최초로 CXL 기반 D램 'CMM-D램'을 개발했는데, CMM은 CXL 메모리 모듈을 나타냅니다. 기존 데이터 센터 등에서 저장장치로 쓰이는 솔리드스테이트드라이브(SSD)를 대체할 수 있고, 시스템 용량은 테라바이트(TB)급으로 키울 수 있다고 합니다. 서버를 교체하거나 구조를 변경하지 않고도 용량을 손쉽게 증대할 수 있다는 의미입니다.

기존 PCIe(Peripheral Component Interconnect Express)와 호환 가

능한 부분도 긍정적입니다. PCIe는 하드웨어와 디바이스 간의 데이터를 전송하기 위한 연결 표준으로, 한 번에 하나의 비트씩 데이터를 순차적으로 전송하는 직렬 통신 방식입니다. PCIe는 속도는 느려도 안정성이 강점입니다. CXL 기반 D램의 경우 대역폭이 넓어 한 번에 여러 데이터를 처리할 수 있는데, 이로 인해 PCIe와 상호보완적 관계가 될 수 있는 것입니다.

CXL도 세대가 나뉩니다. 1.0은 기존 컴퓨팅 구조와 유사한데, 기존 CPU와 D램이 자리한 마더보드에 CXL D램을 꽂는 식입니다. 2.0부터는 변화가 눈에 띕니다. 여러 CPU를 바깥으로 확장해서 갖춰진 '메모리 풀' 시스템에 연결할 수 있습니다. 다만 각 CPU마다 메모리 풀에 연결된 선이 달라 정보 공유가 복잡하고 힘든 점이 한계입니다. 추후 3.0에서는 확장에 더해 공유 시스템까지 접목될 전망입니다.

SK하이닉스 CXL 2.0 메모리

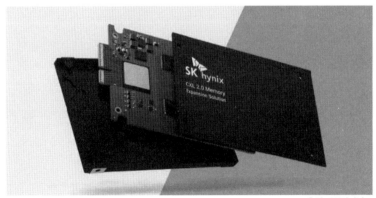

출처: SK하이닉스

삼성전자는 CXL D램에 최첨단 컨트롤러 기술을 접목하기도 했습니다. 기존 D램 컨트롤러가 데이터를 임시로 저장하는 단순 버퍼 역할이었다면, 신기술은 AI, 머신러닝(ML), 인메모리 데이터베이스 등과 같은 분야에서도 활용할 수 있습니다. 해당 컨트롤러는 DDR D램과 CXL D램을 같이 사용할 수 있도록 '메모리 맵핑'과 '인터페이스 컨버팅' 기술, 시스템 에러를 최소화하고, 데이터 신뢰성을 높이는 '에러 관리' 등을 지원합니다.

SK하이닉스도 CXL 제품에 박차를 가하고 있습니다. 2024년 2분기 CMM-DDR5 성능을 시연했는데, 기존 DDR5 D램 기반 시스템보다 대역폭과 용량이 각각 최대 50%, 100% 향상 및 확장되었다고 합니다. 더불어 CXL 메모리를 묶은 CXL 풀드 메모리 솔루션 '나이아가라 2.0'도 선보였습니다. 이는 CPU, GPU 등 여러 호스트가 최적의 상태로 메모리 용량을 나눠 쓰도록 해줍니다.

엔비디아의 왕좌를 노리는
빅테크 기업들

지금까지는 AI 반도체와 호흡을 맞출 메모리들에 대해 소개했다면, 다시 AI 반도체로 돌아와볼까요? 이 분야에서는 자타공인 엔비디아가 최강입니다.

누차 언급한 대로 엔비디아는 AI 모델을 구축하고 AI 서비스를 개발하는 데 필요한 하드웨어와 소프트웨어를 모두 장악하고 있습니다. 현 시스템이 유지된다면 AI 산업이 발전할수록 엔비디아에 대한 의존도가 커질 수밖에 없습니다

시장조사기관 가트너는 AI 반도체 시장이 2023년부터 2027년까지 연평균 약 20% 성장해 1천120억달러에 달하는 규모로 커질 것

으로 보고 있습니다. 딥러닝 등 AI 기술의 비약적인 성능 향상과 패러다임 변화로 초고성능 AI 반도체 기술 개발 니즈가 늘어난 영향입니다. 더불어 AI를 활용하는 서비스가 여러 분야로 확산되면 AI 반도체 시장의 비약적인 발전이 예상됩니다.

다만 최근에는 사뭇 다른 분위기가 느껴집니다. 엔비디아와 협력해온 빅테크들이 자체 AI 반도체 개발에 나섰기 때문입니다. 경쟁사끼리 손을 잡는 등 엔비디아를 견제하거나 영향권에서 벗어나기 위해 분주합니다.

우선 가장 널리 퍼진 생성형 AI인 '챗GPT'를 개발한 오픈AI가 천문학적인 금액을 들여 AI 반도체 내재화에 나선 것으로 알려졌습니다. 아직 협력사를 모으고 관련 프로젝트를 위한 펀딩을 진행하는 초기 단계지만 오픈AI와 CEO인 샘 올트먼의 상징성을 비춰볼 때 지각변동을 일으킬 가능성이 충분하다는 평가입니다.

오픈AI 투자사인 마이크로소프트(MS)도 비슷한 행보를 보입니다. 2023년 11월, AI 학습과 추론을 위해 직접 설계한 칩 '마이아100'을 공개한 것입니다. MS의 AI 가속기 '애저 마이아' 시리즈의 첫 세대 제품입니다. 5나노 공정으로 만들어진 마이아100은 1천50억 개의 트랜지스터를 갖췄다고 합니다. 오픈AI도 이를 테스트중인 것으로 파악됩니다.

또 다른 AI 강자인 구글의 움직임도 심상치 않습니다. 자체 대규모 언어모델(LLM)인 '제미나이'를 꾸준히 업그레이드하는 가운데 이에 최적화된 AI 반도체 'TPU v5e'를 선보였습니다. 텐서처리장치 (TPU)는 구글의 자체 AI 전용 칩을 일컫습니다. 후속작이자 6세대 TPU인 '트릴리움'까지 모습을 드러낸 상태입니다. 트릴리움은 v5e 대비 칩당 컴퓨팅 성능이 최대 4.7배나 향상된 것으로 알려져 있습니다. 에너지 효율성은 67%나 높아졌다고 합니다.

메타 역시 LLM '라마'로 AI 시장에 뛰어든 뒤 공격적으로 사업을 전개하고 있습니다. 자체 개발한 AI 가속기 'MTIA' 시리즈를 연이어 내놓고 있습니다. MTIA는 메타의 딥러닝 추천 모델 등 AI 워크로드를 위해 설계되었습니다. 1세대 v1에 이어 2세대 v2까지 등장했는데, 전작 대비 컴퓨팅 성능과 메모리 대역폭이 2배 이상 증가했다고 합니다.

데이터센터 선두주자 아마존도 마찬가지입니다. 추론형 AI 반도체인 '인퍼런시아'의 두 번째 모델을 2022년 말에 공개했습니다. 2019년에 첫 제품을 내놓은 지 3년 만입니다. 자회사인 아마존웹서비스(AWS) 서버에서 적용중입니다.

AI 대응이 다소 늦다고 평가받는 애플도 부랴부랴 자체 칩 준비에 나서고 있습니다. 'ACDC(Apple Chip for DataCenter)'라는 코드명으로 데이터센터용 AI 반도체를 개발중이라고 합니다. 이미 M 시리즈로 모바일에 이어 PC 전용 반도체를 확보한 이력이 있는 만큼 애플의 반격에 관심이 쏠리고 있습니다.

'미래 반도체', 이것을 주목하라

IT 기업들의 'AI 전쟁', 최후의 승자는 누구?

전통의 강호들도 탈엔비디아를 꿈꾸고 있습니다. GPU 2위 기업 AMD는 'MI' 시리즈로 엔비디아에 대항중입니다. MI300에 이어 MI325X 등을 소개하면서 추격에 속도를 내고 있습니다. MI325X는 2024년 4분기 출시 예정이며, 경쟁사 최신 제품보다 1.5배 많은 메모리 용량, 1.2배 빠른 성능 등을 내세웁니다.

엔비디아, AMD 등보다 AI 가속기 부문에서 비교적 뒤떨어졌다는 평가를 받는 인텔은 '가우디' 시리즈로 반격에 나섭니다. 2024년 가우디3를 전격 공개하면서 자신감을 드러내고 있습니다. 인텔은 가우디3를 경쟁사 제품 대비 3분의 2 가격으로 뛰어난 성능을 나타내는 칩이라고 설명하고 있는데, AI 시장의 대안이 될 수 있을지 주목됩니다.

의외의 업체도 AI 반도체 생산에 착수했습니다. 전기차 산업을 주도하는 테슬라가 그 주인공입니다. 앞선 빅테크와 결은 다르지만 자사의 슈퍼컴퓨터 '도조'에 탑재할 차세대 반도체를 준비중입니다. 도조는 테슬라 차량이 수집하는 데이터와 영상 자료를 처리해 자율주행 소프트웨어를 훈련하는 AI 슈퍼컴퓨터입니다.

어느 때보다 빠르게 변화하는 AI 생태계인데, 그렇다고 엔비디아가 쉽게 주도권을 내줄 것 같지는 않습니다. 고객과 경쟁사가 발 빠르게 움직이자 엔비디아는 차세대 제품인 '블랙웰'이 정식 출시되기도 전에 차차세대인 '루빈'을 언급했습니다. 구체적인 사양은 공개하지 않았지만 HBM4가 탑재되는 점, 3나노 공정 기반인 점 등을 귀띔했습니다.

2024년 대만에서 열린 '컴퓨텍스 2024'에서 젠슨 황 엔비디아 CEO는 "앞으로 매년 새로운 AI 칩을 출시한다"고 밝혔는데, 일종의 선전포고인 셈입니다. 당초 2년마다 신제품을 내놓을 계획이었으나 출시 주기를 1년으로 앞당긴 것입니다. AI 반도체 시장에서 압도적인 지위를 누리고 있는 만큼 왕좌를 내려놓지 않겠다는 엔비디아의 강한 의지가 느껴집니다.

우리나라에서는 리벨리온, 퓨리오사AI, 딥엑스 등 스타트업들이 AI 반도체 개발에 한창입니다. 엔비디아 칩을 대체하거나, 엔비디아가 비교적 덜 다루는 에지(Edge) 분야를 공략하고자 합니다. 이외에도 네이버, 카카오 등 대형 플랫폼 기업도 자체 칩에 대한 의지가 있는 것으로 파악됩니다.

AI 열풍 속 틈새 시장을 노리는 국내 팹리스

CPU와 GPU 시대가 계속되겠지만 NPU, TPU 등도 한자리를 차지할 가능성이 큽니다. 포스트 엔비디아로 꼽히는 업체들이 이미 두 제품을 개발했거나 활용하고 있습니다.

NPU는 GPU보다 낮은 전력 소비, 추론 가속에 적합하다는 장점이 있습니다. 또한 TPU는 GPU보다 확장성이 뛰어나고, 클라우드 기반이라는 점이 특징입니다. 다만 가격, 완성도, 응용처 확보 등이 이뤄져야 GPU를 대체할 수 있을 것 같습니다.

AI가 대세이긴 하지만 국내외 팹리스 기업들이 AI 반도체에만 힘을 쏟고 있는 건 아닙니다. 대표적으로 전력반도체가 있습니다. AI 시대에 들어가면서 데이터센터에서 필요한 전력량이 급증했는데,

GaN 반도체

출처: 인피니언

이에 따라 전력 효율 기술의 중요성이 커졌습니다. 기존 실리콘(Si) 반도체로는 급속도로 불어나는 전력 소비를 감당할 수 없게 되자 그 대안으로 나타난 것이 실리콘카바이드(SiC), 갈륨나이트라이드 (GaN) 등과 같은 소자입니다.

SiC, GaN 등을 화합물이라고 부르는데, SiC는 실리콘과 탄소를 결합한 것으로 고전압과 높은 동작 온도에 강하며 냉각이 용이합니다. GaN은 갈륨과 질소를 합친 것으로 충전장비, 데이터센터 등에 특화한 소자입니다.

현재 시점에서 SiC과 GaN은 유럽, 미국 등 과학 강국에서 두각을 나타내고 있습니다. 앞으로 서버와 전기차, 통신 등 다양한 영역에서 활용될 것으로 관측됩니다. 반도체 업계에서는 SiC와 GaN의 영역이 구분될 것으로 보고 있습니다. 1,000볼트(V) 이상에서는 SiC, 600V 전후에서는 GaN이 차지할 전망입니다. 이 중에서 가격경쟁력은 GaN이 높은 편입니다.

이외에도 SK실트론, SK파워텍, 에이프로세미콘, 알에프세미, 파워큐브세미, 아이큐랩, 제엠제코, 칩스케이 등이 화합물 반도체 사업화를 준비하고 있습니다. 삼성전자, DB하이텍, SK키파운드리 등은 해당 제품을 생산하기 위한 전용라인 구축 설립을 확정한 바 있습니다. 이들 업체의 생산이 본격화되는 시점에 국내 화합물 반도체 산업이 급팽창할 것으로 기대됩니다.

같은 흐름에서 전기차 등에서 쓰이는 차량용 반도체도 각광을 받고 있습니다. 차량용 반도체는 구형(레거시) 제품으로 치부되었으나 코로나19 국면에서 부족 사태가 발발하면서 가치가 높아진 바 있습니다.

차량용·디스플레이 반도체도 확장세

차량용 반도체 종류로는 마이크로컨트롤러유닛(MCU), 엔진컨트롤유닛(ECU), 전력관리칩(PMIC), 디지털신호처리장치(DSP), 전장 애플리케이션프로세서(AP) 등과 이들 제품을 보조하는 드라이버 집적회

NXP의 차량용 MCU

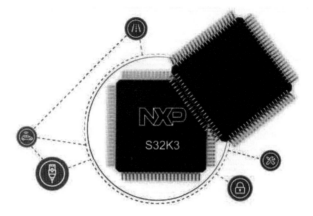

출처: NXP

로(IC) 및 각종 센서 등이 있습니다.

자동차 산업 특성상 진입장벽이 높고 개발 기간과 비용 대비 수익이 나지 않아 그동안 국내 업체는 차량용 반도체에 공을 들이지 않았습니다. 시장 자체가 커지고 공급난 여파까지 겹치자 차량 제조사가 협력사 다변화에 나서면서 수요가 크게 늘어난 추세입니다. 토종반도체 설계(팹리스) 업체인 LX세미콘, 텔레칩스, 어보브반도체, 라닉스 등은 차량용 MCU 상용화에 속도를 내고 있습니다. NXP(네덜란드), 인피니언(독일), 르네사스(일본) 등이 과점하던 분야를 노리겠다는 복안입니다.

그동안 이들은 디스플레이 구동칩(DDI), 차량용 인포테인먼트(IVI), 사물인터넷(IoT) 반도체 등을 다뤄왔습니다. 전기차, 자율주행

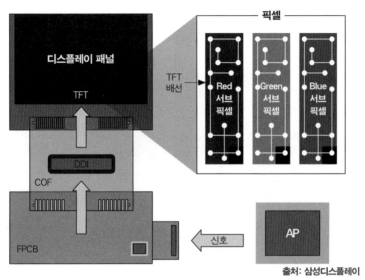

DDI 작동개념도

픽셀

디스플레이 패널

TFT

TFT
배선

Red
서브
픽셀

Green
서브
픽셀

Blue
서브
픽셀

DDI

COF

FPCB

신호

AP

출처: 삼성디스플레이

등 전동화 트렌드에 발맞춰 완성차에 투입될 칩 포트폴리오를 지속적으로 확장해나가고 있습니다.

DDI(Display Driver IC)는 국내 반도체 기업이 강한 분야 중 하나입니다. 디스플레이 구동IC라고 풀어서 이야기하기도 하는 DDI는 액정표시장치(LCD), 유기발광다이오드(OLED) 등을 구성하는 픽셀을 구동하는 반도체입니다. 디스플레이의 화소들을 조절하는 역할을 한다고 이해하면 됩니다. 박막트랜지스터(TFT)를 통해 레드·그린·블루(RGB) 서브픽셀을 제어하는데, 스마트폰에는 1개가, TV와 태블릿 등에는 여러 개가 탑재된다고 합니다.

DDI는 우리나라에서는 삼성전자, LX세미콘, 아나패스 등이 다루는 제품입니다. SK하이닉스에서 분사한 매그나칩도 주요 플레이어입니다. 최근 OLED 확산으로 고부가 DDI 수요가 늘어나는 분위기인데, 중국 등에서 빠르게 치고 올라오는 시점이어서 DDI 외 대체제가 필요하다는 분석이 지배적입니다.

반도체 회사들의 주가가 출렁이고 있습니다. 엔비디아 주가는 무려 5년 새 3천200%나 올랐습니다. 그만큼 반도체 종목에 투자하려는 사람도 늘었습니다. 하지만 '무대포'로 투자를 해서는 투자 원금만 깨질 뿐입니다. 삼성전자와 SK하이닉스는 물론 엔비디아, TSMC, ASML, 인텔 등 종목은 다양합니다. 직접 주식을 살 수도 있고, 펀드를 통해 간접적으로 투자할 수도 있습니다. 7장에서는 반도체 투자를 어떤 방식으로 진행해야 하고, 반도체 종목의 옥석을 어떻게 가려야 하는지 '실전 투자법' 중심으로 살펴봤습니다.

반도체 투자,
이렇게 하는 것이
정석이다

"또 나만 엔비디아 주식 없지."

엔비디아 주식에 희비가 엇갈리는 투자자들이 적잖습니다. 1999년 1월 22일 이 회사가 미국 증시에 입성할 때만 해도 주가는 고작 0.04달러(액면분할 적용)에 불과했습니다. 하지만 2024년 6월, 이 회사 주가는 130달러를 웃돕니다. 무려 3천250배나 오른 셈입니다.

엔비디아는 사상 최고가 행진을 이어가더니 한때 애플과 마이크로소프트(MS)를 밀어내고 전 세계 시가총액 1위 자리도 꿰찼습니다. 인공지능(AI) 시대가 열리면서 동시에 반도체 종목 전성시대도 열렸습니다. 엔비디아를 비롯한 반도체 종목은 물론이고 일반 주식 종목의 수익률도 나쁘지 않은 편입니다.

최근 10년(2014~2023년) 동안 국내 증시의 평균 수익률은 연 5%

(배당액 포함) 수준입니다. 같은 기간 저축성 수신금리 평균(연 1.9%)을 크게 웃돕니다. 하지만 국내 투자자의 대부분은 보유한 금융자산 상당액을 예금으로 굴리고 있습니다. 한국은행에 따르면 2023년 말 전체 가계 금융자산(5천233조 5천128억원)에서 예금·현금(2천424조 5천802억원)이 차지하는 비중은 46.3%였습니다. 반면 주식·펀드(1천141조 3천619억원) 비중은 21.8%에 그쳤습니다. 반면 미국 가계는 현금·예금 비중이 14.9%에 불과했고, 주식·펀드 비중은 49.1%에 달했습니다.

주식 보유비중을 늘려 수익을 불려야 한다는 평가가 많습니다. 이 가운데 요즘 뜨는 반도체를 중심으로 투자해야 한다는 제언도 나옵니다.

그런데 반도체 종목에 투자하려면 어떻게 해야 할까요? 우선 계좌를 만들어야 합니다. 어떤 종목과 상장지수펀드(ETF)를 선정해야 하는지 고민하고, 이를 위해 투자지표도 파악할 줄 알아야 합니다. 반도체 종목을 노리는 개인투자자들을 위해 단계별 지침을 소개하고자 합니다.

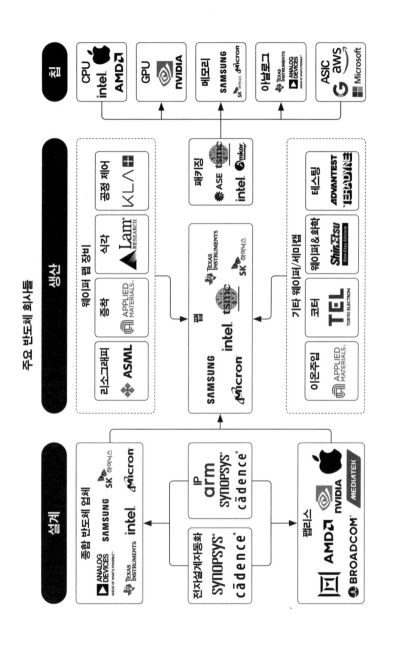

주요 반도체 회사들

237

반도체 투자,
이렇게 시작하면 된다

'주린이(주식투자 초보자)'는 일단 증권사 계좌부터 만들어야 합니다. PC를 통해 증권사 계좌를 만들 수 있습니다. 스마트폰에 증권사 앱(애플리케이션)을 깔아서 계좌를 만들 수도 있습니다. 증권사를 직접 방문해 계좌를 틀 수도 있습니다.

증권사를 고르는 것도 신중해야 합니다. 주식을 사고팔 때마다 증권사가 떼가는 거래 수수료율은 제각각입니다. 이 수수료를 비교해서 증권사를 골라야 합니다.

해외 주식을 사려면 외화 계좌를 터야 합니다. 이 과정에서 환전 비용이 들기도 합니다. 통합증거금 서비스를 운영하는 대형 증권사를 이용하는 경우 환전 비용을 절감할 수 있습니다. 통합증거금 제도는 해외주식을 거래할 때 해당 국가통화가 없더라도 우선 주문을 가능하게 하는 서비스입니다.

이후 증권사 종합자산관리계좌(CMA) 또는 개인종합자산관리계좌(ISA) 등을 만든 뒤에 현금을 입금해야 합니다. ISA는 주식과 펀드 등의 상품을 한 계좌에 모아 투자하면서 비과세·분리과세 등 세제 혜택을 받을 수 있는 통장입니다.

통상 투자로 얻은 이익 가운데 200만원까지 세금을 매기지 않습니다. 하지만 이자·배당소득이 2천만원을 초과하는 금융소득 종합과세 대상자는 가입할 수 없습니다.

한국 증시는 통상 공휴일을 제외한 평일 오전 9시에 개장해 오후 3시 30분 마감합니다. 이와 달리 미국 증시는 한국 시간 기준으로 오후 10시 30분부터 시작하고, 마감 시간은 다음 날 오전 5시입니다. 이 시간에 원하는 종목을 사고팔 수 있습니다.

거래하려는 가격과 수량을 증권사 거래창에 입력해 미국 증시의 종목을 사고팔 수 있습니다. 주문 가격(호가)은 전일 종가의 -30~30% 이내에서만 낼 수 있습니다. 정규 시간은 물론 정규 시간 전후에 주식을 주문할 수 있습니다.

반도체 투자, 이렇게 하는 것이 정석이다

반도체 종목의 재무제표 살펴보기

우량한 반도체 종목의 주가 흐름을 보려면 이 회사의 기초체력을 살펴봐야 합니다. 전문가들은 실적과 함께 영업활동 현금흐름과 투자활동 현금흐름, 부채비율, 현금성자산, 자회사 실적 등을 눈여겨보라고 조언합니다.

상장사는 회사의 실적과 재무구조가 담긴 재무제표를 분기마다 공개하고 있습니다. 재무제표는 재무상태표와 손익계산서, 현금흐름표, 주석 등으로 구성됩니다. 어느 회사에 투자할 때마다 손익계산서에 담긴 매출, 영업이익, 당기순이익 등의 흐름을 면밀하게 살펴봐야 합니다.

이처럼 분기 또는 반기별로 영업 실적 발표 시점이 몰리는 기간을 '어닝 시즌(earning season)'이라고 합니다. 어닝 시즌에 회사 주가의 변동 폭도 커집니다. 증권사가 추정한 실적과 비교해 얼마나 격차가 큰지에 따라 주가가 요동칩니다. 기업 실적이 추정치를 훨씬 못 미치는 경우를 '어닝 쇼크(Earning shock)'라고 합니다. 어닝 쇼크는 통상 기업 주가를 끌어내립니다. 반대로 기업 실적이 추산치를 훨씬 웃도는 경우를 '어닝 서프라이즈(earning surprise)'라고 하는데, 이 경우 주가가 큰 폭으로 치솟기도 합니다.

실적 못지않게 현금흐름표도 중요합니다. 영업활동 현금흐름, 투자활동 현금흐름, 재무활동 현금흐름으로 구성된 현금흐름표는 손익계산서로는 포착할 수 없는 기업의 '돈 흐름'을 살필 수 있기 때문입니다. 예컨대 기업이 물건을 외상으로 팔면 영업이익이 증가할 수 있지만 회사 금고로 들어오는 현금은 없습니다. 이를 살펴보려면 현금흐름표의 '영업활동 현금흐름' 항목을 봐야 합니다. 영업활동 현금흐름은 회사가 영업으로 현금을 얼마나 벌었는지를 나타내는 지표입니다. 영업활동 현금흐름이 일시적으로 마이너스면 상관없지만 2~3년 연속 마이너스라면 경영활동에 어려움을 겪는 경우가 많습니다.

기업의 재무구조를 살펴보려면 부채비율을 따져봐야 합니다. 이는 부채총계(타인 자본)를 자기자본으로 나눈 것으로, 기업의 재무 건전성을 가늠하는 대표적인 지표입니다. 적정 부채비율 수준에 대해

반도체 투자, 이렇게 하는 것이 정석이다

서는 논란이 많지만 금융당국은 '부채비율 200%'를 웃돌면 재무구조 안정성이 흔들린다고 봅니다.

현금성자산과 단기금융자산 등도 기업의 재무구조를 살피기 위한 핵심 지표로 꼽힙니다. 기업에 현금이 넉넉하면 유동성 위기를 겪을 우려가 없고, 신성장동력을 확보하는 데도 적극적으로 나설 수 있기 때문입니다.

반도체 종목의 증권사 보고서 훑어보기

개인투자자가 우수한 반도체 종목을 선별하기는 생각보다 쉽지 않습니다. 이 경우에 증권사 보고서를 바탕으로 옥석을 가리는 방법도 있습니다.

통상 증권사들은 종목 보고서와 함께 이 종목에 대한 목표주가도 제시합니다. 목표주가는 앞으로 6개월가량을 내다본 특정 종목의 주가 최고치를 의미합니다.

증권사들은 반도체 등의 제품 원가와 출하량 등을 바탕으로 실적을 추정합니다. 출하량과 제품 원가를 정확하게 가늠하기 위해 전 세계 곳곳에서 나오는 반도체 관련 자료를 수집합니다. 이 같은 자료를 얼마나 축적하고 정확하게 추정치를 구하느냐에 따라 증권사

애널리스트의 능력이 갈립니다.

　이러한 실적 추산치를 바탕으로 주당순이익(EPS)을 계산합니다. 여기에 EPS에 반도체 종목 평균 주가수익비율(PER)을 곱해서 목표 주가를 계산하는 경우가 많습니다. 반도체 종목에 투자하기에 앞서 여러 증권사의 보고서와 목표주가를 비교해보는 것도 필수입니다.

　증권사 보고서에는 '매수(비중확대)' '중립' '매도(비중축소)'로 구분해 투자의견도 제시합니다. 증권사들은 통상 시장 지수 대비 15%p 이상 주가 상승이 예상되면 '매수', ±15%p의 주가 등락이 예상되면 '중립', 15%p 넘게 빠질 것 같으면 '비중축소'로 표시합니다.

　증권사들은 분석 대상이지만 영업고객이기도 한 기업에 대해 직설적으로 이야기하는 것을 꺼립니다. 그만큼 매도나 중립을 권하는 보고서는 보기 어렵습니다. 목표가를 내리는 보고서의 경우 사실상 매도나 중립을 권유하는 것으로 볼 수도 있습니다.

국내에 상장된 반도체 ETF

반도체 종목을 투자하는 방법은 엔비디아, TSMC, 삼성전자, SK하이닉스 등의 종목을 사들이는 직접투자가 있습니다. 또한 이들 종목을 골고루 담은 반도체 ETF를 사들이는 방법도 있습니다.

개인투자자들은 통상 직접투자를 선호합니다. 2024년 6월 한국예탁결제원에 따르면 서학개미(해외주식을 사들이는 국내 개인투자자)의 보유 주식 1위는 엔비디아로 집계되었습니다. 서학개미의 엔비디아 보유 규모는 120억달러로 나타났습니다. 그 뒤를 테슬라, 애플 등이 이었습니다.

개별종목을 사들이는 경우 변동성이 커질 수 있습니다. 시장 변동성이 커질수록 ETF로 위험을 분산할 수 있습니다. ETF는 다양한 종목을 담는 투자펀드라고 생각하면 됩니다.

반도체 ETF를 사들이고 싶다면 코스콤이 운영하는 ETF 플랫폼인 'ETF 체크'를 통해 정보를 취득할 수 있습니다. 한국 증시에 상장된 반도체 ETF는 현재 38개입니다. 이 가운데 한국 반도체 종목으로 구성된 ETF는 23개이고, 글로벌 반도체 종목으로 구성된 ETF는 15개입니다.

이들 반도체 ETF는 반도체 전반에 투자하는 상품은 물론 인공지능(AI) 반도체 기업을 중점 투자하는 상품도 있습니다. 여기에 반도체 생산장비 등에만 투자하는 ETF도 눈길을 끕니다. 투자자 입맛대로 고를 수 있는 선택지가 많은 셈입니다.

이 가운데 시가총액이 가장 큰 ETF는 미래에셋자산운용이 굴리는 'TIGERFn반도체TOP10'입니다. 2021년 8월 상장된 이후 국내 최대 반도체 ETF로 발돋움했습니다. 이 ETF는 국내 반도체 상위 10개 기업에 집중 투자합니다. ETF의 구성 종목의 절반 이상을 SK하이닉스(비중 29.1%), 삼성전자(22.4%)가 차지하고 있습니다. 그 뒤를 한미반도체(19.5%), 리노공업(6.4%), DB하이텍(5.2%) 등이었습니다. 2024년 들어 같은 해 6월 말까지 이 ETF의 수익률은 34.9%에 달했고, 2024년 6월 말 기준 최근 1년 수익률은 60.2%입니다.

삼성전자와 SK하이닉스보다는 성장 여력이 높은 반도체 종목으로 구성된 ETF 등도 눈길을 끕니다. 'SOL AI반도체소부장' 'KODEX AI반도체핵심장비' 등이 대표적입니다. 이들 종목은 고대역폭메모리(HBM) 관련주로 손꼽히는 한미반도체와 온디바이스 AI의 대표주인 리노공업의 비중이 높습니다.

국내 운용사가 굴리는 ETF 가운데 해외 반도체 종목만 담는 상품 23개도 눈길을 끕니다. 이들 가운데 가장 시가총액이 큰 상품은 'TIGER 미국필라델피아반도체나스닥'입니다. 미래에셋자산운용이 굴리는 이 ETF는 '필라델피아반도체 지수(PHLX Semiconductor Sector Index)'를 추종하는 상품입니다. 필라델피아반도체지수는 1993년부터 산출을 시작한 대표 반도체 지수입니다. 국내에서 필라델피아반도체지수에 투자할 수 있는 ETF는 TIGER ETF가 유일합니다. 2021년 4월 9일 상장한 상품으로, 2024년 6월 기준 시가총액은 2조 8천291억원에 달합니다. 2024년 1~6월 수익률은 43.5%이고, 2024년 6월 말 기준 최근 1년 수익률은 67.5%입니다.

한국투자신탁운용이 2024년 6월 11일 내놓은 'ACE 엔비디아밸류체인 액티브' ETF는 엔비디아 ARM, SK하이닉스, TSMC, 한미반도체, 램리서치 등 국내외 주요 반도체 성장주에 투자합니다.

삼성자산운용이 운용하는 ETF 'KODEX 미국반도체MV'도 2024년 6월 기준 시가총액이 6천억원을 넘어섰습니다. 엔비디아, 브로드컴, 퀄컴, TSMC, ASML, 어플라이드머티어리얼즈 등에 투자합니다. 2024년 들어 같은 해 6월 말까지 수익률은 92.5%에 달했습니다.

반도체 투자, 이렇게 하는 것이 정석이다

미국에 상장된 반도체 ETF

서학개미들이 늘면서 미국에 상장된 ETF에 대한 관심도 커졌습니다. 이 가운데 엔비디아 열풍이 불러온 반도체 ETF의 인기가 특히 높습니다. 엔비디아가 전 세계 시가총액 1위 종목으로 등극한 이후부터 관련된 ETF에 뭉칫돈이 몰리고 있습니다.

대표적인 ETF 상품이 '그래닛셰어즈 2X롱 엔비디아 데일리(NVDL)'입니다. 이 ETF는 엔비디아 하루 수익률의 2배를 추종하는 상품입니다. 2024년 6월 말 기준 이 ETF의 시가총액은 38억달러입니다. 2024년 1~6월 수익률이 398.8%에 달하고, 2024년 6월 기준 최근 1년새 수익률은 473.4%를 기록했습니다.

반도체 ETF 가운데 운용자산 규모가 240억달러로 가장 큰 '반에

크 반도체 ETF'(SMH)도 눈길을 끕니다. 이 상품은 엔비디아, TSMC, 브로드컴, 퀄컴, 마이크론테크놀로지, ASML, 어플라이드머티리얼즈 등을 담았습니다. 2024년 6월 말 기준 최근 1년새 수익률은 78.44% 에 달합니다.

또 다른 반도체 ETF인 '아이셰어즈 반도체(SOXX)'와 '인베스코 반도체(PSI)'도 비슷한 종목 및 수익률을 나타냈습니다. 운용자산 10억달러 규모인 'S&P 반도체(XSD)' ETF는 같은 기간 10.7% 수익률을 내는 데 그쳤습니다.

이들 반도체 종목의 주가 하락에 베팅하는 상품도 살펴볼 만합니다. ETF 가운데 '디렉시온 데일리 엔비디아 베어(NVDD)'와 엔비디아 주가 하락의 2배수를 추종하는 레버리지 인버스 상품인 '그래닛셰어즈 2X숏 엔비디아 데일리(NVD)' 등이 대표적입니다.

'빅샷' 입에 출렁이는 반도체 주가, 주식 사도 되나요?

"2024년 11월에 도널드 트럼프가 미국 대통령이 되면, 상당히 피곤해질 겁니다. 전혀 예상치 못한 일이 벌어질 수 있어요."

정부 고위 관계자가 트럼프 전 대통령의 재선 가능성이 커지자 한 말입니다. '미국 대통령이 누가 되는가?' 이건 단순히 미국만의 문제가 아닙니다. 우리 반도체 기업의 생존전략을 좌지우지합니다. 전 세계 반도체 공급망의 핵심에 미국이 있기 때문입니다.

최근 미국 통상정책의 흐름은 '미국 우선주의'입니다. 쉽게 말해 미국의 이익을 항상 첫 번째로 생각하겠다는 말입니다. 다만 당에 따라 그 정도의 차이는 있습니다. 민주당 대선 후보는 카멀라 해리스 부통령으로, 조 바이든 대통령이 후계자로 지목한 인물인 만큼 바이든 정부의 통상정책을 이어갈 가능성이 큽니다. 반도체 투자를 유치하기 위해 막대한 보조금을 지급하는 '반도체지원법'이 대표적인 예입니다.

하지만 공화당 대선 후보인 트럼프 전 대통령이 재선에 성공한다면 이야기는 완전히 달라집니다. 그는 이미 대만 반도체 산업을 콕 집어 비판했습니다. "대만이 방어를 위해 우리에게 돈을 내야 한다고 생각한다. 그들(대만)은 우리 반도체 사업을 전부 가져갔다"고 말했습니다. 트럼프 전 대통령은 대만뿐 아니라 한국 기업에도 더 많은 것을 요구하거나 반도체 보조금을 줄여버릴 수 있습니다. 트럼프 정부 당시엔 우리나라에 노골적으로 '미국에 뭔가를 달라'는 요구가 많았다는 것이 업계 이야깁니다.

대중국 반도체 규제 흐름도 관건입니다. 민주당·공화당 누가 대권을 쥐든 이 흐름은 변하지 않을 겁니다. 바이든 정부는 대중국 반도체 규제 강화를 추진하고 있습니다. 중국에 강경한 트럼프 전 대통령은 대중국 관세를 인상할 수도 있습니다. 다만 한국 기업이 '중국 리스크'에 대비해온 만큼 큰 영향이 없을 것이란 예상도 있습니다.

현재의 반도체 산업은 혼자, 한순간에 만들어진 것이 결코 아닙니다. 반도체 산업이 지금의 명성을 얻기까지 수많은 사람들이 거쳐 갔고, 수십 년의 시간이 흘렀습니다. 앞으로 반도체 기업들이 갈 방향을 알기 위해서 지나온 역사를 되돌아봐야 하는 이유입니다. 반도체 성공 신화를 만들어온 인물들은 과연 어떤 마음가짐으로, 어떻게 반도체 산업을 시작했을까요?

부록

칩 피플

이병철, 이건희, 이재용

"반도체 1톤을 생산하면 그 부가가치는 13억원이다. 반도체는 내 마지막 사업이자 미래의 대들보가 될 사업이다."

이병철 삼성 창업회장은 1983년 2월 8일 일본 도쿄 오쿠라 호텔에서 지금의 삼성을 있게 한 결정을 합니다. 삼성의 역사는 이날을 기점으로 전과 후로 나뉩니다. 이른바 '도쿄 선언'이라 불리는 결정입니다.

당시 이병철 회장은 안팎에서 반대와 비판에 부딪혔습니다. 미국과 일본에선 비웃음이 쏟아졌습니다. 인텔은 삼성을 '과대망상증 환자'라고 비웃었고, 일본 미쓰비시는 '삼성이 반도체 사업에 성공할 수 없는 5가지 이유'라는 보고서를 낼 정도였습니다.

이보다 한 해 앞서 미국을 방문했던 이병철 회장은 한국의 살길이 첨단기술 산업 개발에 있다는 사실을 확인합니다. 현 단계의 국가적 과제는 '산업의 쌀'이며 '21세기를 개척할 산업혁신의 핵'인 반도체를 개발하는 것이라고 판단했습니다. 또한 반도체를 수입에만 의존할 경우 모든 산업이 특정 국가에 예속될 수 있다고 예상했습니다. 40년 뒤인 지금의 반도체 지정학을 정확하게 예측한 겁니다.

지금의 삼성그룹을 있게 한 삼성전자는 1969년에 등장했습니다. 당시만 해도 전자제품 품질이 조악하고, 가격도 비쌌습니다. 이병철 회장은 국내에서 전자제품 대중화를 이루겠다고 마음먹었습니다. 창업 당시부터 이미 반도체와 컴퓨터도 염두에 두고 있었습니다.

이미 여러 분야에서 잘나가던 삼성이었지만 이병철 회장의 원대한 꿈은 끝이 없었습니다. 반도체 산업은 막대한 규모의 돈을 투입해야 하는 사업입니다. 돈을 벌려면 끊임없이 돈을 넣어야 합니다. 이런 구조 탓에 불황기마다 '치킨게임'으로 망하는 반도체 회사가 여럿 생깁니다. 이병철 회장은 이런 반도체 산업의 특성을 잘 알고 있었지만 반도체 산업에 뛰어들기로 결심합니다. 그의 나이 만 73세, 고희(古稀)를 지났을 때의 일입니다.

1993년 6월 7일, 독일 프랑크푸르트의 한 호텔. 삼성전자 임원 400여 명이 모였습니다. 회장단, 사장단, 부사장단 등 당시 삼성을 이끌던 임원들입니다. 현장엔 긴장감이 감돌았습니다. 이들이 독일에 온 이유는 무엇이었을까요?

"마누라와 자식 빼고 다 바꿔라." 삼성의 역사를 관통하는 유명한 말이 바로 여기서 나옵니다. 이건희 선대회장은 독일 프랑크푸르트 공항에서 서울 비서진에 전화를 걸어 삼성의 임원을 모두 소집합니다. 임원들이 모두 빠짐없이 모였습니다. 이건희 회장이 임원들에게 쏘아붙였습니다.

"내가 '질(質) 경영'을 그렇게 강조했는데 이게 그 결과입니까? 나는 지금껏 속아왔습니다. 이제부터 내가 직접 나설 겁니다."

이건희 회장이 이렇게 분노했던 이유는 무엇이었을까요? 당시 삼성은 이미 D램 반도체 시장에서 전 세계 1위를 차지했습니다. 그럼에도 이건희 회장은 불안했습니다. 세계 경제는 저성장에 들어섰고, 국내 경제는 3저 호황 뒤 그늘이 짙었습니다. 그런데도 삼성은 '1등'이라는 착각에서 벗어나지 못했고, 몇 년이 지나도 달라지지 않았습니다.

이건희 회장의 걱정은 현실이 되었습니다. 이건희 회장은 해외에서 삼성전자 제품이 매장 구석에서 먼지를 뒤집어쓴 채 싸구려 취급을 받는 현실을 목격했습니다. 특히 '후쿠다 보고서'에는 적나라한 현실이 담겨 있었습니다. 이 보고서는 당시 삼성전자 정보통신 부문 디자인 고문인 후쿠다 타미오가 작성한 겁니다. 보고서엔 당시 '일류' 기업이었던 소니와 파나소닉을 모방하기에 급급했던 이류 기업 삼성을 지적하는 내용이 담겼습니다.

이런 이건희 회장의 세계관과 경영철학 속에서 반도체 사업에 대한 애정이 시작되었습니다. 그의 자서전 『생각 좀 하며 세상을 보자』

에 나오는 이야기입니다. 어려서부터 이건희 회장은 새로 나온 전자 제품을 사다 뜯어보기를 즐겼습니다. 그러면서 자원이 없는 우리나라가 선진국과 경쟁하려면 머리를 쓰는 수밖에 없다는 결론에 이릅니다.

이건희 회장은 1974년, 한국반도체 인수를 결심합니다. 한국반도체는 강기동 박사와 당시 통신장비 전문 수입상이었던 김규한 켐코 사장이 설립한 회사입니다. 국내 최초로 웨이퍼 가공을 시작했지만 1973년 제1차 오일쇼크로 부도 위기를 맞습니다. 이건희 회장은 한국반도체 인수 당시를 이렇게 회상했습니다.

"무엇보다 '반도체'라는 이름에 끌렸다. 시대 조류가 산업사회에서 정보사회로 넘어가는 조짐을 보이고 있었고, 그중 핵심인 반도체 사업이 우리 민족의 재주와 특성에 딱 들어맞는 업종이라고 생각하고 있었다."

반도체 사업이 우리 민족에 적합한 업종이라고 생각한 이유를 보면 이건희 회장의 남다른 혜안을 엿볼 수 있습니다. 한국의 식생활 문화, '젓가락'과 '숟가락'인데, 젓가락을 쓰려면 손재주가 있어야 하는데 이게 미세공정이 필요한 반도체에 적합하다는 이론입니다. 그럼 숟가락은 어떨까요? 밥상 한가운데 찌개나 탕을 함께 먹는다는 건 팀워크가 좋다는 걸 의미한다고 봤습니다.

하지만 한국반도체를 인수하는 길은 녹록지 않았습니다. 무엇보다 경영진의 반대가 강했습니다. 'TV 하나도 제대로 못 만들면서 무슨 반도체냐' '벌써 최첨단으로 가는 건 너무 위험하다'는 것이 중론이었습니다. 그렇다고 포기할 이건희 회장이 아니었습니다. 그는 사재를 털어 한국반도체 지분 50%를 사들였습니다.

기술 개발은 쉽지 않았습니다. 미국이나 일본 등에서 기술을 배워야 하는데, 오일 쇼크 여파로 각국이 기술을 쥐고 놓질 않았기 때문입니다. 당시 이건희 회장이 직접 나서 반도체 공장과 일본을 오가며 기술 확보에 매달렸습니다. 매주 일본에 가서 기술을 배웠고, 일본 기술자를 몰래 토요일에 데려와서 삼성 기술자들에게 밤새워 기술을 가르치게 하고 일요일에 보낸 적도 있었다고 합니다.

고난 끝에 1981년 컬러TV용 색신호 IC를 개발했습니다. '무'에서 '유'를 만들어낸 이건희 회장을 보고 선친 이병철 회장도 반도체 사업을 적극 지원하기 시작합니다. 1983년 반도체 사업 진출을 공식 선언한 것입니다. 이건희 회장은 "구멍가게 같은 공장에서 개인 사업으로 시작한 반도체가 10년 만에 삼성의 핵심 사업의 하나로 인정받은 것"이라고 말합니다.

이후 삼성전자는 일본이 6년 걸려 개발한 64K D램을 6개월 만에 개발했습니다. 1993년에 반도체 사업을 시작한 지 20년 만에 메모리 분야에서 전 세계 정상에 오릅니다. 정상에 도달하기까지는 중간중간 운명을 건 '결정들'이 있었습니다.

첫 번째 결정은 4메가 D램 개발을 '스택'으로 결정한 겁니다. '스택'은 회로를 높이 쌓는 것이고, '트랜치'는 지하로 파들어가는 방식이었습니다. 이후 트렌치를 택한 도시바는 D램 선두자리를 빼앗겼고, 이건희 회장은 이 결정을 "올바른 선택"이었다고 회고했습니다.

두 번째 결정은 1993년 반도체 5라인을 8인치 웨이퍼 양산라인으로 결정한 겁니다. 그때만 해도 반도체 웨이퍼 표준이 6인치였는데, 이건희 회장은 8인치로 결정했습니다. "우리가 세계 1위로 발돋움하려면 그때가 적기라고 생각했고, 월반하지 않으면 영원히 기술 후진국 신세를 면치 못하리라고 판단했다." 이건희 회장은 이때의 결정을 메모리반도체 세계 1위에 선 결정으로 꼽습니다.

이재용 회장은 지금의 삼성전자를 이끌고 있는 인물입니다. 삼성전자는 전 세계 메모리반도체 1위 기업입니다. 2019년 이재용 회장은 이른바 '반도체 비전 2030'을 발표합니다. 2030년까지 시스템반도체 세계 1위를 목표로 잡은 겁니다. 이재용 당시 부회장은 "메모리 업황 악화에 따른 어려움을 호소하기보다 아직 메모리에 비해 갈 길이 먼 비메모리 사업을 육성하겠다"며 "2030년에는 메모리는 물론 비메모리에서도 1위를 달성하겠다"고 밝힙니다.

시스템 반도체는 삼성의 약점으로 꼽혀왔습니다. 그동안 삼성의 전략은 메모리반도체에 전력투구하는 일이었습니다. 가장 잘할 수 있는 분야를 골라 거기에 온 힘을 쏟은 겁니다. 그 결과 메모리반도체 세계 1위를 달성할 수 있었던 것입니다. 하지만 시스템 반도체는 원천 기술 부족과 인력 부족 등으로 다른 나라와 격차가 컸습니다.

그렇다고 시스템 반도체를 버릴 순 없는 노릇이었습니다. 시스템

반도체는 전 세계 반도체 시장의 약 70%를 차지할 정도로 큰 시장입니다. 두뇌(프로세서)와 입·귀(통신)·눈(이미지센서) 등 정보통신(IT) 분야에서 중요한 역할을 담당합니다. 그런데 시스템 반도체에서 당시 우리 기업의 점유율은 약 3% 수준에 불과했습니다.

삼성전자는 우선 시스템 반도체 설비·연구투자 등에 약 133조원을 투자하기로 했습니다. 전략은 크게 3가지로 나뉩니다. 모바일 AP·이미지센서 경쟁력 강화, 차량용 반도체 개발 확대, 파운드리(위탁제조) 선두 추격 등입니다.

삼성전자는 또한 반도체 설계기업인 팹리스를 지원하기로 했습니다. 삼성이 파운드리 사업을 키우려면 국내 팹리스 생태계가 필요하기 때문입니다.

아직까진 갈 길이 멉니다. 파운드리 시장 1위는 대만 TSMC입니다. TSMC는 전체 파운드리 시장의 약 60%를 차지하는데, 10%를 갓 넘는 삼성전자와는 여전히 격차가 큽니다. 삼성전자의 대표 모바일 AP인 엑시노스는 아직 뚜렷한 성과도 없는 상태입니다.

이건희 회장은 '세계 1위 메모리반도체'라는 목표를 완성했습니다. 아들인 이재용 회장은 그 뒤를 이어 '세계 1위 시스템 반도체 기업'을 만들겠다는 포부를 밝혔습니다. 이재용 회장이 삼성의 새로운 반도체 역사를 쓸 수 있을지 주목됩니다.

구인회·구자경·구본무(LG반도체) −정주영·정몽헌(현대전자), 최태원

LG의 창업주인 구인회 회장 손에서 1958년 10월 우리나라 최초의 전자공업회사인 금성사가 탄생합니다. '골드스타'라 불린 라디오를 시작으로 선풍기, 흑백TV, 냉장고, 에어컨 등이 잇달아 출시되었습니다.

삼성이 전자사업을 하다가 반도체 사업에 진출했듯이, LG전자도 같은 길을 걷게 됩니다. 전자제품과 이를 이루는 반도체가 떼려야 뗄 수 없는 관계라는 것을 알았기 때문이 아닐까요? 구인회 창업회장은 1969년 5월 10일 반도체 회사인 금성전자를 설립합니다. 미국 내셔널세미컨덕터와 기술 제휴를 맺었고, 이후 1973년 금성사에 흡수 합병됩니다.

구인회 회장의 장남 구자경 명예회장은 '현장통'이었습니다. 그는 십수년 동안 공장에서 현장 노동자들과 동고동락하며 기초부터 쌓아온 인물입니다. LG에서 가장 먼저 '반도체'가 붙은 회사는 1979년 세워진 금성반도체입니다. 럭키금성(옛 LG)이 대한반도체를 인수한 뒤 미국 AT&T와 합작해 만든 회사입니다. 설립 2년 뒤 금성반도체는 국내 최초로 국산 미니컴퓨터를 만들어냅니다. 국내 최초 8bit 마이크로프로세서를 만든 곳도 금성반도체입니다.

　LG그룹에 반도체는 한으로 남았습니다. LG는 1989년 금성일렉트론을 세우며 반도체 사업을 본격적으로 시작합니다. 금성일렉트론은 승승장구합니다. '세계 최초'란 수식어가 붙은 제품들도 내놨습니다. 1991년엔 16M D램을 내놓고 국내 최초로 컬러모니터용 RGB 집적회로(IC)를 개발합니다. 1992년에는 전 세계 D램 부문에서 금성일렉트론이 점유율 5.8%를 차지하며 8위를 기록하기도 합니다. 1995년엔 비로소 럭키금성이 지금 우리가 아는 'LG'로 재탄생합니다. 금성일렉트론도 LG반도체로 이름을 바꿉니다. 이듬해에는 상장에도 성공합니다. 하지만 잘나가던 LG반도체에는 곧 칠흑 같은 어두움이 닥칩니다. 정부의 강한 구조조정 압박 탓에 현대전자에 LG반도체를 넘기게 됩니다.

　구본무 선대회장에게도 LG반도체는 씻을 수 없는 상처가 되었습니다. 법정관리중인 하이닉스(구 현대전자)가 새 주인을 찾을 때마다 LG의 재인수 여부에 사람들의 관심이 쏠렸습니다. 하지만 구본무 회장은 빼앗긴 반도체 사업에 다시 손을 대지 않았습니다. 2008년 당시 남용 LG전자 부회장은 "반도체 없이 생존하는 법을 이미 터득했다"고 말합니다. 구본무 회장은 아예 "그거(하이닉스) 인수할 돈 있으면 다른 좋은 것 투자할 데 많다"고 말했습니다. '빅딜'에 반대하다가 사실상 빼앗겼던 하이닉스를 다시 인수하는 데 구본무 회장이 강한 반감을 느꼈다는 것이 당시 중론이었습니다.

그렇게 하이닉스는 2011년 SK그룹의 품에 안깁니다. 이후 반도체 웨이퍼 제조사인 LG실트론까지 SK그룹에 매각하며 LG그룹은 반도체 사업에서 사실상 완전히 손을 뗍니다.

SK하이닉스 시작의 또 다른 한 축은 현대전자입니다. 삼성, LG 대기업들이 전자·반도체 산업에 잇달아 진출하자 현대그룹은 이를 두고만 볼 순 없었습니다. 정주영 회장의 전두지휘 아래 그룹 종합기획실에서 반도체 사업을 추진하고, 1983년 현대전자를 세웁니다. 막대한 돈을 투입하는 반도체 산업 특성상 정주영 회장도 "무모하다"는 세간의 비판을 피해가진 못했습니다. 1985년 256K D램 양산라인을 준공하고 메모리반도체를 생산하기 시작합니다. 1986년에는 반도체 연구소를 설립합니다.

기초를 다지던 현대전자의 운명은 LG반도체 인수로 뒤바뀝니다. 하지만 '행운'처럼 보였던 일은 현대그룹 반도체 역사에 '위기'로 돌아왔습니다. 이미 부채가 많았던 현대전자는 LG반도체를 인수하려고 갖고 있던 돈을 다 써버립니다. 이 와중에 반도체 사이클도 내리막길을 걷습니다.

2001년 현대전자는 사명을 '하이닉스반도체'로 바꾸고, 정몽헌 회장은 보유 지분을 포기합니다. 같은 해에 정주영 회장이, 그리고 이듬해인 2003년 정몽헌 회장이 숨지면서 반도체 사업은 현대그룹의 역사에서 사라집니다.

법정관리에 돌입했던 하이닉스반도체가 새 주인을 맞은 건 2011년입니다. 최태원 SK그룹 회장이 2011년 7월 당시 시장에 나온 하이닉스 인수전에 뛰어들었습니다.

당시 SK텔레콤은 3조 4천267억원이라는 거금을 들여 하이닉스를 사들였습니다. 당연히 이사회는 물론 내부 임직원들의 반대가 엄청났습니다. 더욱이 반도체 사업은 SK그룹이 한 번도 해본 적 없는 사업이었습니다. 당시 회사 내부에서는 "우리와 비슷한 덩치의 회사를 먹고 배가 터지면 어쩌려고 그러냐" "하이닉스를 인수하고 그룹 전체가 망하는 것 아니냐"는 걱정까지 나왔다고 합니다.

실은 SK그룹이 반도체 사업에 눈독을 들인 것은 최태원 회장 선친인 최종현 SK그룹 선대회장 때부터였습니다. 3년을 채 버티지 못하고 사라졌던 '선경 반도체'라는 회사가 SK그룹에 존재했었습니다. 최종현 회장 역시 반도체가 미래 먹거리가 될 것이라는 사실을 알았던 겁니다.

하이닉스 인수 당시 SK와 LG는 재계 3, 4위를 엎치락뒤치락 하던 중이었습니다. 하지만 하이닉스 인수로 덩치가 커진 SK는 LG를 제치고 한참 차이가 나는 3위로 올라섭니다. 2022년에는 SK가 현대자동차를 제치고 2위에 오르기도 했습니다.

　SK하이닉스는 멈추지 않고 계속 영역을 확장해나가고 있습니다. 2021년에는 인텔 낸드 사업부를 10조원에 인수했고, 기술 경쟁력 강화를 위해 경기도 용인시에 414만 8천m² 규모의 반도체 클러스터를 조성하는 계획도 추진하고 있습니다. 특히 최근에는 고대역폭 메모리(HBM)에서 주도권을 잡으며 인공지능(AI) 반도체 시장을 선점하고 있습니다.

젠슨 황

창업 31년 만에 최대 주목을 받고 있는 엔비디아의 창업자 젠슨 황 최고경영자(CEO)는 '고생'이란 단어와 뗄 수 없는 인물로 평가받습니다. 1993년 30세의 나이로 엔비디아를 창업한 후에 경영난을 겪기도 했고, 한때 파산 위기를 맞기도 했습니다. 엔비디아의 창업 초기의 사무실은 미국 새너제이(San Jose)에 있는 한 식당의 구석 테이블이었습니다. 그는 과거를 회상하며 엔비디아 창업에 대해 "엔비디아를 만드는 일은 당초 예상보다 100만 배는 어려웠다"고 밝히기도 했습니다.

황 CEO가 지금의 엔비디아를 만들 수 있었던 것은 회복력에 있다고 자평합니다. 그는 스탠퍼드대학교 학생들과 만난 자리에서 "기대 수준이 높은 사람들은 회복력이 매우 낮은데, 불행하게도 회복력이 성공에 중요하다"며 한때 화장실 청소, 접시닦이 등 최저시급을 받으며 일했다고 고백했습니다.

그렇게 그는 '실리콘밸리의 테일러 스위프트' '반도체 나폴레옹' 이라는 별명을 얻었고, 엔비디아의 시가총액은 3조달러를 찍게 되었습니다. 2019년 5월 말 33달러 수준이었던 엔비디아의 주가는 5년 만에 1천달러를 돌파했습니다. 시장에선 AI에 대한 장기적 투자 수요에 힘입어 엔비디아가 당분간 주도권을 잡을 것으로 보고 있습니다.

리사 수

리사 수 AMD 최고경영자(CEO)는 반도체 업계의 상징적인 인물로 평가됩니다. 그녀는 텍사스인스트루먼츠, IBM, 프리스케일 등을 거쳐 2012년 AMD에 부사장으로 합류했는데, 당시 ADM는 암흑기였습니다. 인텔과 경쟁하기 위해 중앙처리장치(CPU), 가속처리장치(APU) 등 주요 사업에서 승부수를 띄웠지만 모두 실패로 끝났기 때문입니다. 리사 수 부사장은 PC가 아닌 콘솔 시장을 공략하면서 부임 1년 만에 적자 탈출을 이뤄냅니다. '선택과 집중' 전략의 성공이었습니다.

이를 인정받은 리사 수 부사장은 2014년 CEO로 선임됩니다. 반도체 기업의 최초 여성 CEO이기도 합니다.

리사 수 CEO는 주력인 CPU 부활에 전사적 역량을 쏟았고, 결과적으로 2017년 젠 아키텍처 기반의 '라이젠' 시리즈가 탄생하게 됩니다. 반등에 성공한 AMD는 2020년 프로그래머블 반도체(FPGA) 강자인 자일링스를 인수합니다.

AMD는 현재 CPU 및 인공지능(AI) 반도체 부문에서 각각 인텔, 엔비디아의 유일한 대항마로 꼽힐 만큼 성장했습니다. 때문에 리사 수 CEO 부임 이후 10년은 '마법 같은 시간'으로 불리고 있습니다.

짐 켈러

짐 켈러 텐스토렌트 최고경영자(CEO)는 '반도체의 전설'로 불리는 인물입니다. 브로드컴, 인텔, AMD 등 전통적인 반도체 업체는 물론 애플, 테슬라 등에서 근무했습니다.

짐 켈러는 AMD에서 명성을 알렸는데, 오랜 기간 근무하지는 않았으나 재직 시절 '해머 아키텍처'와 '젠 아키텍처'라는 AMD의 대표작을 주도한 바 있습니다. 이는 인텔과 대결 구도를 만들 만큼 뛰어난 제품들로 평가받습니다. 그리고 애플에서는 자체 애플리케이션 프로세서(AP)인 A 시리즈, 테슬라에서는 완전자율주행용 칩 등을 설계하기도 했습니다.

2021년 텐스토렌트 최고기술책임자(CTO)로 합류한 짐 켈러 CEO는 2023년부터 회사를 이끌고 있습니다. 리스크파이브(RISC-V)라는 오픈소스를 기반으로 인공지능(AI) 반도체를 개발하고 있습니다. 글로벌 기업과 협업중인데, 한국에서는 삼성전자, LG전자, 현대자동차 등이 파트너로 알려져 있습니다.

샘 올트먼

지난 2022년 혜성처럼 등장해 전 세계 인공지능(AI) 시장에 돌풍을 일으킨 생성형 AI '챗GPT'의 아버지인 샘 올트먼은 1985년생이라는 젊은 최고경영자(CEO)로 오픈AI를 이끌고 있습니다. 오픈AI는 2015년 테슬라의 CEO인 일론 머스크와 올트먼 등 5명이 조직한 비영리 법인이었지만 현재는 영리 기업으로 전환했습니다.

2023년 11월 이사회의 결정으로 올트먼은 CEO에서 해임되었지만 곧장 복귀했습니다. 현재는 오픈 AI로 각종 언론 등에 노출되며 유명세를 떨치고 있습니다.

사실 그는 이미 19세 때부터 유명인사였습니다. 2005년 스탠퍼드대학교를 중퇴하고 소셜미디어 업체 루프트(Loopt)를 창업했습니다. 오픈AI의 CEO를 맡기 전에는 스타트업 액셀러레이터 중 하나로 꼽히는 와이(Y) 콤비네이터를 이끌며 다수의 스타트업에 투자했던 이력도 있습니다.

샘 올트먼은 전 세계 AI 반도체 시장을 장악하고 있는 엔비디아에 대한 의존도를 낮추고자 자체 AI 칩 개발을 추진중입니다. 그는 전 세계를 돌며 글로벌 빅테크 기업들을 직접 만나고 있습니다. 삼성전자·SK하이닉스를 중요한 파트너로 선정해 범용인공지능(AGI) 개발을 시사하기도 했습니다.

한편 챗GPT 개발사인 오픈AI는 2024년 연 매출 34억달러를 목표로 삼고 있습니다. 이는 2023년 매출 16억달러(약 2조 1천942억원)의 2배가 넘는 규모입니다.

다가올 3년, 금융시장의 미래를 말한다

THE GREAT SHIFT 대전환기의 투자전략   신동준 지음 | 값 19,000원

팬데믹 이후 저성장·저물가·저금리의 '뉴 노멀(New Normal)'은 고성장·고물가·고금리의 '넥스트 노멀(Next Normal)'로 바뀌고 있다. 채권투자 전략과 자산배분전략 분야에서 수차례 베스트 애널리스트 1위에 선정된 저자는 이 책에서 데이터와 논리에 기반해 '넥스트 노멀'의 추세를 낱낱이 분석한다. 과거의 데이터를 수집하고 주류 이론과는 다르게 과감한 주장을 펼침으로써 투자에 필요한 통찰력을 제공하는 저자 특유의 인사이트는 지금 같은 대전환기에 경제 흐름을 다각도로 보는 식견을 넓히는 데 큰 도움이 될 것이다.

미래를 알면 돈의 향방이 보인다

곽수종 박사의 경제대예측 2025-2029   곽수종 지음 | 값 19,800원

소중한 재산을 지키고 싶거나 경제활동을 하거나 기업을 경영하고 있다면 5년 정도의 중장기적인 경제 예측 정도는 가지고 있어야 한다. 이 책은 주요 국가들의 경제 환경 분석을 통해 세계경제의 중장기 미래를 예측하고, 나아가 위기에 처한 한국경제의 지속가능한 성장 전략을 제시한다. 모든 수준의 독자들이 쉽게 이해할 수 있게 쓰여진 이 경제전망서를 통해 향후 5년간의 세계경제를 예측하고 대응하는 통찰력을 기를 수 있을 것이다.

인공지능이 경제를 이끄는 시대의 투자법

AI 시대의 부의 지도   오순영 지음 | 값 19,800원

생성형 AI 같은 기술의 놀라운 성장에 따라 분석, 예측 및 개인화 기술이 놀랍도록 성장했다. 금융 IT 분야의 전문가인 저자는 생성형 AI 기술을 자산관리에 사용하는 데 도움이 될 내용을 담았다. 이 책은 AI 시대를 채우고 있는 기술, 기업, 비즈니스를 어떻게 받아들여야 하는지, AI 시대에 무엇을 보고 어떻게 해석해야 할지를 알려주고 있다. 지금은 AI 시대를 해석하는 능력이 곧 부의 추월차선을 결정하는 시대이기 때문이다.

경제의 신은 죽었다

다가올 5년, 미래경제를 말한다   유신익 지음 | 값 21,000원

이 책은 미국의 정책이 글로벌 금융시장을 지배하는 방식 및 기존의 경제이론으로는 해석되지 않는 글로벌 경제-금융의 순환고리에 대해 MMT(현대화페이론)을 기반으로 명쾌하게 분석하고 있다. 미국 경제와 금융시장의 흐름, 그리고 앞으로 펼쳐질 미국의 금융통화정책과 통상정책을 이해하는 데 현 시점에서 최고의 지침서로, 특히 글로벌 경제에 대한 현실적인 분석뿐 아니라 향후의 대책과 대응의 방편까지 제시한 점이 돋보인다.

거스를 수 없는 주식투자의 빅트렌드, 로봇

최고의 성장주 로봇 산업에 투자하라
양승윤 지음 | 값 18,000원

로봇 산업이 현대 사회의 핵심 산업으로 떠올랐다. 인공지능과 로봇공학의 발전으로 이 산업은 전례 없는 성장세를 보이며 새로운 혁신을 이끌어내고 있는 만큼 향후 수년간 투자 여건이 형성될 것으로 보인다. 로봇 산업의 태동과 성장으로 투자기회는 보이지만, 아직은 이 분야가 생소한 이들에게 이 책은 로봇 산업 전반에 대한 흐름을 짚어줌으로써 투자에 대한 큰 그림을 그릴 수 있게 돕는다.

미래를 읽고 부의 기회를 잡아라

곽수종 박사의 경제대예측 2024~2028
곽수종 지음 | 값 19,000원

국내 최고 경제학자 곽수종 박사가 세계경제, 특히 미국과 중국 경제의 위기와 기회를 살펴봄으로써 한국경제의 미래를 예측하는 책을 냈다. 미국과 중국경제에 대한 중단기 전망을 토대로 한국경제의 2024~2028년 전망을 시나리오 분석을 통해 설명하고 있는 이 책을 정독해보자. 세계경제가 당면한 현실과 큰 흐름을 살펴봄으로써 경제를 보는 시각이 열리고, 한국경제가 살아남을 해법을 찾을 수 있을 것이다.

다가올 현실, 대비해야 할 미래

지옥 같은 경제위기에서 살아남기
김화백·캔들피그 지음 | 값 19,800원

이 책은 다가올 현실에 대비해 격변기를 버텨낼 채비를 해야 된다고 말하며 우리에게 불편한 진실을 알려준다. 22만 명의 탄탄한 구독자를 보유한 경제 전문 유튜브 '캔들스토리 TV'가 우리 모두에게 필요한 진짜 경제 이야기를 전한다. 지금 우리는 경제위기를 맞닥뜨려 지켜야 할 것을 정하고 포기해야 할 것을 구분해서 피해를 최소화해야 될 때다. 이 책은 현재 직면한 위기를 바라보는 기준점이자 미래를 대비하기 위한 하나의 발판이 되어줄 것이다.

돈의 흐름을 아는 사람이 승자다

다가올 미래, 부의 흐름
곽수종 지음 | 값 18,000원

국가, 기업, 개인은 늘 불확실성의 문제에 직면한다. 지금 우리가 직면한 코로나19 팬데믹과 러시아-우크라이나 전쟁 등은 분명한 '변화'의 방향을 보여주고 있다. 국제경제에 저명한 곽수종 박사는 이 책에서 현재 경제 상황을 날카롭게 진단한다. 이 책에서는 인플레이션 압력과 경기침체 사이의 끝을 가늠하기 어려운 경제위기 상황 속에서 이번 위기를 넘길 수 있는 현실적인 방안을 모색한다.

기술이 경제를 이끄는 시대의 투자법
테크노믹스 시대의 부의 지도
박상현·고태봉 지음 | 값 17,000원

테크노믹스란 기술이 경제를 이끄는 새로운 경제 패러다임이다. 이 책은 사람들의 일상과 경제의 흐름을 완전히 바꿔놓은 코로나 팬데믹 현상을 계기로, 테크노믹스 시대를 전망하고 이를 투자적 관점으로 바라보는 내용을 담고 있다. 현 시대의 흐름을 하나의 경제적 변곡점으로 바라보며 최종적으로 미래의 부가 움직일 길목에 대해 진지하게 고민한 흔적이 담긴 이 책을 통해 투자에 대한 통찰력을 얻을 수 있을 것이다.

'염블리' 염승환과 함께라면 주식이 쉽고 재미있다
주린이가 가장 알고 싶은 최다질문 TOP 77
염승환 지음 | 값 18,000원

유튜브 방송 〈삼프로 TV〉에 출연해 주식시황과 투자정보를 친절하고 성실하게 전달하며 많은 주린이들에게 사랑을 받은 저자의 첫 단독 저서다. 20여 년간 주식시장에 있으면서 경험한 것을 바탕으로 주식투자자가 꼭 알아야 할 지식들만 알차게 담았다. 독자들에게 실질적으로 도움이 되고자 성실하고 정직하게 쓴 이 책을 통해 모든 주린이들은 수익률의 역사를 새로 쓰게 될 것이다.

'염블리' 염승환과 함께라면 주식이 쉽고 재미있다
주린이가 가장 알고 싶은 최다질문 TOP 77 ②
염승환 지음 | 값 19,000원

『주린이가 가장 알고 싶은 최다질문 TOP77』의 후속편이다. 주식 초보자가 꼭 알아야 할 내용이지만 1편에 다 담지 못했던 내용, 개인 투자자들의 질문이 가장 많았던 주제들을 위주로 담았다. 저자는 이 책에 주식 초보자가 꼭 알아야 할 이론과 사례들을 담았지만 주식투자는 결코 이론만으로 되는 것이 아니므로 투자자 개개인이 직접 해보면서 경험을 쌓는 것이 중요함을 특별히 강조하고 있다.

김학주 교수가 들려주는 필승 투자 전략
주식투자는 설렘이다
김학주 지음 | 값 18,000원

여의도에서 손꼽히는 최고의 애널리스트로서 펀드매니저부터 최고투자책임자에 이르기까지 각 분야에서 최고를 달린 김학주 교수가 개인투자자들을 위한 투자전략서를 냈다. '위험한' 투자자산인 주식으로 가슴 설레는 투자를 하고 수익을 얻기 위해서는 스스로 공부하는 수밖에 없다. 최고의 애널리스트는 주식시장의 흐름을 과연 어떻게 읽는지, 그리고 어떤 철학과 방법으로 실전투자에 임하는지 이 책을 통해 배운다면 당신도 이미 투자에 성공한 것이나 다름이 없을 것이다.

사주명리학으로 보는 나만의 맞춤 주식투자 전략

나의 운을 알면 오르는 주식이 보인다

양대천 지음 | 값 21,500원

주식시장에서 살아남기 위해서 우리는 무엇을 해야 할까? 이 책은 그 해답을 사주명리학에 입각한 과학적 접근을 통해 풀어내고 있다. 예측 불허의 변수들로 점철된 주식시장에서 사주명리학의 도움을 받아 자신의 운을 먼저 살펴보고 그 후에 어느 시기에 어떤 주식을 사고팔지를 결정하는 방법을 소개하고 있다. 한마디로 자신의 운의 큰 흐름을 알고 그 운을 주식에서 백분 활용하는 방법을 알게 될 것이다.

한국의 경제리더 곽수종 박사의 경제강의노트

혼돈의 시대, 경제의 미래

곽수종 지음 | 값 16,000원

코로나19 팬데믹으로 인해 어떤 개인과 기업들은 부자가 될 기회를 맞이한 반면, 누군가는 위기를 맞았다. 마찬가지로 국가도 무한경쟁 시대를 맞이하게 되었다. 이 책은 시대의 역동성을 이해하는 법과 대한민국이 앞으로 나아갈 길을 경제·인문학적으로 분석한 책이다. 글로벌 질서 전환의 시대에 대한민국의 현재 좌표는 물론 기업과 개개인이 나아가야 할 방향을 이해하며 경쟁력을 갖추는 데 이 책이 도움이 될 것이다.

경제를 알면 투자 시계가 보인다

부의 흐름은 반복된다

최진호 지음 | 값 17,500원

이 책은 증권사와 은행의 이코노미스트로 일해온 저자가 금융시장의 숫자들이 알려주는 의미에 대해 끊임없이 고민한 경험을 바탕으로 최대한 쉽게 경기흐름 읽는 법을 알려주는 책이다. 시장경제체제를 살아가는 현대인들은 필수적으로 경기흐름을 읽을 줄 알아야 한다. 이 책을 통해 핵심적인 이론으로부터 투자 접근 방식까지, 나만의 '투자 시계'를 발견할 수 있는 기회가 될 것이다.

성공 주식투자를 위한 네이버 증권 100% 활용법

네이버 증권으로 주식투자하는 법

백영 지음 | 값 25,000원

이 책은 성공적인 주식투자를 위한 네이버 증권 100% 활용법을 알려준다. 주식투자, 어렵게 생각할 것이 없다! 네이버를 통해 뉴스를 접한 후 네이버 증권으로 종목을 찾아 투자하고, 네이버 증권에서 제공하는 차트로 타이밍에 맞춰 매매하면, 그것만으로도 충분하다. 이 책을 통해 현재의 주식시장을 이해하고, 스스로 돈 되는 종목을 찾아 싸게 사서 비싸게 하는 방법을 배운다면 성공 투자로 나아갈 수 있을 것이다.

■ 독자 여러분의 소중한 원고를 기다립니다

메이트북스는 독자 여러분의 소중한 원고를 기다리고 있습니다. 집필을 끝냈거나 집필중인 원고가 있으신 분은 khg0109@hanmail.net으로 원고의 간단한 기획의도와 개요, 연락처 등과 함께 보내주시면 최대한 빨리 검토한 후에 연락드리겠습니다. 머뭇거리지 마시고 언제라도 메이트북스의 문을 두드리시면 반갑게 맞이하겠습니다.

■ 메이트북스 SNS는 보물창고입니다

메이트북스 홈페이지 matebooks.co.kr

홈페이지에 회원가입을 하시면 신속한 도서정보 및 출간도서에는 없는 미공개 원고를 보실 수 있습니다.

메이트북스 유튜브 bit.ly/2qXrcUb

활발하게 업로드되는 저자의 인터뷰, 책 소개 동영상을 통해 책에서는 접할 수 없었던 입체적인 정보들을 경험하실 수 있습니다.

메이트북스 블로그 blog.naver.com/1n1media

1분 전문가 칼럼, 화제의 책, 화제의 동영상 등 독자 여러분을 위해 다양한 콘텐츠를 매일 올리고 있습니다.

메이트북스 네이버 포스트 post.naver.com/1n1media

도서 내용을 재구성해 만든 블로그형, 카드뉴스형 포스트를 통해 유익하고 통찰력 있는 정보들을 경험하실 수 있습니다.

STEP 1. 네이버 검색창 옆의 카메라 모양 아이콘을 누르세요.   STEP 2. 스마트렌즈를 통해 각 QR코드를 스캔하시면 됩니다.
STEP 3. 팝업창을 누르시면 메이트북스의 SNS가 나옵니다.